대학 기초 영문법

조수근

KOREA
UNIVERSITY
PRESS
고려대학교
출판문화원

머리말

요즘의 영어 학습은 의사소통에 중점을 두고 듣기, 말하기, 쓰기, 읽기를 두루 잘 하려고 하기 때문에 문법에 대한 것은 상대적으로 소홀히 하는 경향이 있는데, 실제 원어민들은 문법에 맞게 말하는 것을 가장 영어를 잘 하는 것으로 여긴다. 즉, 발음을 정확히 하고 말을 유창하게 하는 것도 좋지만 문법을 알고 문법에 맞는 영어를 사용하는 것이 매우 중요한 것이다.

《대학 기초 영문법》은 중학교, 고등학교에서 배운 단편적이고 나열식의 영문법을 대학 수준의 영문법 틀 안에서 다시 구성하고 설명하여 큰 그림에서 영문법을 이해할 수 있도록 하였다. 사실 영문법은 음성과 텍스트에 관한 것도 포함해야 하지만 전통적으로는 문장(sentence)에 대한 것만을 다루므로 여기에서도 허락된 지면상 문장에 대한 규칙만을 다루기로 한다.

이 책의 1~2장에서는 영문법에서 가장 기본적인 지식인 시제(tense)에 대해 다룬다. 그리고 3~4장에서는 문장 구성(sentence building)을 다룬다. 다시 말해, 문장 구성의 기본 요소인 명사, 동사 등과 같은 개별 단어(words), 그리고 이들 단어들이 모여 어느 정도의 의미 단위를 이루는 어구(phrases), 다시 이들 어구들이 모여 완전한 의미 단위를 이루는 문장(clauses/sentences)을 공부한다. 5장에서는 문장 구성의 또 다른 기본 요소로 문장에서 가장 활발한 역할을 담당하는 부정사, 분사, 동명사에 대해 다룬다. 6장에서는 기본형의 문장과 다른 모습을 보이는 의문문, 부정문, 생략 구분을 다루며, 마지막 7장에서는 수동태, 비교급, 화법, 가정법과 같은 다양한 종류의 문장을 살펴본다.

이 책은 기초적인 수준에서 필수적인 문법 항목만을 다루고 있으나 학습자의 영문법에 대한 이해를 돕기 위해 상세한 설명을 제공하고 한국어와의 비교, 언어 발달의 측면을 포함하여 문법 전반에 흐르는 원리를 제시하려고 노력하였다. 문법서이므로 딱딱할 수 있으나 학습자들이 편안히 읽을 수 있도록 최대한 쉽게 풀어 설명하였으므로 이전에 배운 영문법을 정리한다는 기분으로 자유로운 시간에 읽어 보면 좋겠다. 또는 영문법 문제 풀이나 독해를 하며 궁금한 사항에 대해 참고하는 용도로 사용하여도 좋겠다.

이 책이 이렇게 완성될 수 있도록 많은 도움을 주신 여러분들에게 감사의 말씀을 전하려 한다. 특히, 저자가 저서를 완성하기까지 학문적으로 격려를 해주신 고려사이버대학교 실용어학부의 동료 교수님들에게 감사를 드리고자 한다. 이 영문법 원고를 출판할 수 있는 기회를 마련해 주시고 수고를 아끼지 않은 고려대학교출판문화원에도 깊은 감사의 뜻을 전하고 싶다.

2019년 1월

조수근

차례

I

기본 시제

시제tense란 시간time과 다른 것인가요?

시간이란 삼 일 전, 내년, 오늘과 같이 현실에 존재하는 개념인 데 반해 시제란 현실에서의 시간이 아닌 문법에 존재하는 시간을 말합니다. 즉, 시제는 문장이 나타내는 사건의 발생 시간을 말해 주는 '문법적인 장치'입니다. 영어에서 시제는 문장의 핵심 요소인 동사에 표시가 되어 문장이 나타내는 사건의 발생 시간을 나타내 줍니다. 시제에는 현재 시제, 과거 시제, 미래 시제가 있습니다.

	현재 시제	과거 시제	미래 시제
영어 문장	I need some help. 나는 도움이 필요하다	I needed some help. 나는 도움이 필요했다	I will need some help. 나는 도움이 필요할 것이다
시제 표시 요소	없음	-ed	will
사건의 발생 시간	현재(지금)	과거	미래

먼저 I needed some help(나는 도움이 필요했다)는 needed라는 과거 시제 동사(동사의 기본형 need에 과거 시제 어미 -ed가 표시됨)가 사용된 문장으로 '내가 도움이 필요한 것이 지금이나, 미래가 아닌 과거에 그러했다'라는 것을 나타냅니다. 그리고 I will need some help(나는 도움이 필요할 것이다)는 동사의 기본형 need 앞에 미래 시제 조동사 will이 사용된 문장으로 '내가 도움이 필요한 것이 미래에 그럴 것이다'라는 것을 나타냅니다.

이들과 달리 I need some help(나는 도움이 필요하다)는 need라는 현재 시제 동사가 사용된 문장으로 '내가 도움이 필요한 것이 현재 그렇다'라는 것을 나타냅니다. 그런데 이때의 현재 시제 동사 need는 사실 동사의 기본형으로 여기에는 특별히 현재 시제를 표시해 주는 요소가 없습니다. 즉, 영어에서 현재 시제 어미는 존재하지 않고 동사의 기본형이 실질적으로 현재 시제 동사가 되어 문장이 나타내는 일, 즉 '내가 도움이 필요함'이 지금 그렇다는 것을 말해 줍니다.

참고로, She needs some help(그녀는 도움이 필요하다)의 현재 시제 동사 needs에서 동사의 기본형 need 뒤에 붙은 -s는 시제를 표시해 주는 요소가 아니라 동사 앞에 있는 주어의 인칭, 수와 관련된 요소입니다. 즉, 이때의 -s는 동사의 주어 she가 3인칭 단수라는 것을 나타내 줍니다.

우리말에서도 시제는 동사에 표시되는데, 과거 시제 어미에는 '-았-/-었-'이 있고, 미래 시제 어미로는 '-ㄹ 것, -겠-'이 있습니다(나는 행복했다, 나는 행복할 것이다). 그리고 영어와 마찬가지로 우리말에도 현재 시제 표시 요소는 따로 없고 동사의 기본형이 현재 시제 동사로 사용됩니다(나는 행복하다).

01 현재 시제

현재 시제는 사전에서 보이는 동사의 기본형을 그대로 사용합니다. 보통은 현재에 일어나는 일을 가리키나 현재를 중심으로 과거부터 미래에 걸쳐 일관되게 계속 일어나고 있는 일에도 사용합니다.

현재의 동작과 상태(현재 시제 = 현재 시간)

현재에 일어나는 일을 나타냅니다.

I need some help. 나는 도움이 필요해요

We are thirsty now. 우리는 지금 목이 말라요

현재 시제 동사 need, are는 도움이 필요하고 목이 마른 것이 모두 현재 시간의 일임을 말해 줍니다. 참고로, 동사는 크게 need와 같은 일반 동사와 is, are와 같은 be 동사가 있습니다. 기본형을 현재 시제 동사로 그냥 사용하는 일반 동사와 달리 be 동사의 현재 시제는 주어에 따라 다른 모양을 하게 됩니다(I am, you are, he is, she is, it is, we are, they are).

일반적인 사실이나 습관, 진리

현재 시제는 단순히 현재에 일어나고 있는 사건을 말하는 것뿐 아니라 과거, 현재, 미래에 걸쳐 일어나는 일반적인 사실, 습관적인 행동, 보편적인 진리를 나타냅니다.

일반적인 사실

I cook food in a restaurant. My sister cares for patients in a hospital.

나는 식당에서 요리사로, 내 여동생은 병원에서 간호사로 근무한다

Julia lives in Canada. Her parents live in the United States.

줄리아는 캐나다에 살고 그녀의 부모님은 미국에 산다

직업과 같이 오늘 시작해서 오늘 끝나는 일이 아니라 현재를 중심으로 과거에도, 현재 시점에도, 미래에도 어느 정도 지속되는 일은 특별한 일이 아닌 일반적인 사실로 간주되어, '내 여동생은 간호사입니다'라는 의미를 나타냅니다. 반면 간호사가 아닌데 지금 이 순간에만 환자 보호자로서 환자를 돌보고 있는 경우라면 진행형을 사용합니다(My sister is caring for the patients in the hospital). 마찬가지로 위의 문장에서 줄리아(Julia)가 미국에 오랫동안 거주하고 있는 부모와 달리 현재 임시적으로 캐나다에 잠시 머무는 것이라면 진행형을 사용해 줍니다(Julia is living in Canada).

습관

Mary always gets to work early. 메리는 항상 직장에 일찍 도착한다

We often sleep late on weekends. 우리는 주말에는 자주 늦게 잔다

진리

The earth moves around the sun. 지구는 태양의 주위를 돈다

Water boils at 100 degrees Celsius. 물은 섭씨 100도에서 끓는다

습관이나 진리적인 사실도 오늘에만 한정된 일이 아닙니다. 즉, 위의 문장에서 메리(Mary)가 직장에 항상 일찍 도착하는 것이나 물이 100도에서 끓는 것은 어제도 그랬고 내일도 그럴 가능성이 정말 많은 것이죠. 이런 경우에도 현재 시제를 사용합니다.

미래의 시간(현재 시제 = 미래의 시간)

불확실하고 막연한 미래의 일이 아닌, 천재지변이 아니면 반드시 일어나게 될 확실한 일은 미래 시제보다는 현재 시제로 미래의 시간을 나타내게 됩니다.

go, come, start, leave, arrive, begin 등의 동사가 미래 시간을 나타내는 부사구와 함께

The plane leaves Chicago at 11:30 and arrives in Atlanta at 2:45.

이 비행기는 시카고를 11시 30분에 출발하여 2시 45분에 애틀랜타에 도착합니다

The movie starts at 8:45 tonight.

그 영화는 오늘 저녁 8시 45분에 시작합니다

비행기가 출발하고 도착하는 일이나 극장에서 영화가 시작하는 일은 특별하지 않으면 확실히 일어날 일인 것이죠. 우리말에서도 이 경우 '비행기가 11시 30분에 이륙할 것이에요'라고 하는 것보다는 '비행기가 11시 30분에 이륙해요'라고 말하죠. 시제 사용에 있어 영어와 우리말이 비슷한 것을 볼 수 있습니다. 영어나 우리말이나 미래 시제 동사가 있음에도 현재 시제 동사를 사용한다는 것은 그만큼 문장이 나타내는 사건이 현재의 일처럼 확실히 일어날 일이라는 것을 말해 주는 것이라 할 수 있습니다.

이와 비슷한 이유로 시간이나 조건을 나타내는 부사절에서도 현재 시제 동사로 미래의 시간을 나타내 줍니다.

시간이나 조건을 나타내는 부사절에서

I will stay home if it rains tomorrow. 내일 비가 오면 나는 집에 있을 것입니다

Wait here until I come back. 돌아올 때까지 기다리세요

위의 문장에서 '내일 비가 오는 것'과 '내가 다시 돌아오는 것'은 불확실한 것이 아니라 실제 일어날 수 있는 가능성이 상당히 높은 것이라고 생각할 수 있습니다.

02 과거 시제

현재 시제는 동사의 기본형을 그대로 사용하고 시간도 현재, 미래, 과거를 두루 가리킬 수 있는 데 반해, 과거 시제는 과거 시간만을 나타내고 동사의 기본형 끝에 보통 -ed라는 과거 시제 어미를 추가하여 나타내게 됩니다.

과거의 동작과 상태

과거에 일어난 일은 모두 과거 시제 동사를 사용합니다. 현실에서는 과거의 시간도 무수한 과거들로 세분될 수 있습니다만 과거에 일어난 일에 대해 말할 때는 얼마나 오래전에 일어났는지를 크게 구분하지 않고 말을 합니다. 정확히 언제 일어났는지를 말해야 할 때는 last Monday와 같은 특정 시간을 나타내는 부사를 사용하여 나타내면 됩니다.

Anne went to the movies three times last week. 앤은 지난주에 세 번 영화를 보러 갔다
Yesterday it rained all morning. 어제는 비가 오전 내내 왔다

앤(Anne)이 극장에 간 과거의 일에 대해서는 went라는 과거 시제 동사가 나타내고 그것이 지난주의 일이라는 것은 last week라는 부사가 나타내 줍니다. 마찬가지로 비가 온 과거의 일은 rained라는 과거 시제 동사가, 그리고 그것이 어제 아침 내내 일어난 일이라는 것은 yesterday와 all morning이라는 부사가 나타냅니다.

참고로, 동사에는 규칙 동사와 불규칙 동사가 있는데 규칙 동사는 보통 동사에 과거 시제 어미 -ed가 붙는 것을 말하고(rained), 불규칙 동사는 자유로운 형태를 갖는 것을 말합니다(go-went/sleep-slept). be 동사의 경우에도 과거 시제 동사는 주어에 따라 그 모양이 달라집니다(I was, you were, she was, he was, it was, we were, they were).

과거의 습관

과거에 습관적으로 일어난 일은 한 시점에 일어난 것은 아니지만 결국은 과거의 일이므로 과거 시제 동사를 사용합니다.

Dad often told us ghost stories on summer evenings.

아버지는 여름날 저녁이면 종종 귀신 이야기를 해 주셨다

아버지가 자주 이야기를 해 주신 것은 과거의 특정 시점에 한 번 해 주신 것이 아니라 그 전후로 여러 번 해 주신 것이지만 결국은 모두 과거에 일어난 일이므로 과거 시제 동사를 사용하고, often과 같은 부사를 사용합니다.

시간상의 전후가 분명한 경우

두 사건 중 분명히 한 사건이 다른 사건보다 먼저 발생한 경우가 있습니다. 이 경우 먼저 사건이 발생한 시간은 '대과거'라고 하는데 보통은 'had+과거완료형'(예: had gone)을 사용하여 나타냅니다. 그러나 문장에 when, after 등이 사용되어 어느 것이 먼저의 일이고 어느 것이 나중의 일인지가 분명한 경우에는 대과거 대신 과거 시제를 사용합니다.

My aunt and uncle lived in London before they went to Australia. [과거 시제]

나의 숙모와 숙부는 호주로 이사하기 전에 런던에서 살았습니다

위의 예문에서 숙모와 숙부가 런던에 살았던 시간은 호주로 이사한 시간의 전이지만 had lived 대신 과거 시제 lived를 그냥 사용합니다. 이것은 대과거도 과거의 시간 안에 들기에 가능한 것이라 생각해 볼 수 있습니다.

03 미래 시제

미래 시제는 will이나 shall과 같은 조동사를 동사의 기본형 앞에 놓아 나타내는데, 엄밀히 말하면 미래의 시간만을 가리키는 것이 아니라 주어의 의지나 예측을 표현하는 것이라 할 수 있습니다. 조동사(助動詞)가 동사를 돕는 동사로서, 동사로만 의미를 전달하기 어려운 경우에 동사의 의미에 더하여 말하는 사람의 생각이나 감정을 나타내는 역할을 하는 것을 고려해 보면 충분히 이해가 되는 말입니다.

미래의 동작이나 상태(미래 시제 = 예측+미래의 시간)

will이 사용된 미래 시제는 문장이 나타내는 일에 대해 주어가 예측을 하는 것입니다. 그런데 주어가 예측하는 행위는 결국 미래 시간에 이루어지는 것이므로 결국 예측 행위는 미래 시간을 표현하는 것이 됩니다. 쉽게 말해, 미래 시제는 문장이 나타내는 일에 대해 예측과 동시에 그 일이 미래의 시간에 일어날 것이라고 말하는 것과 같습니다.

I think Elena will pass her driver's test. 나는 엘리나가 운전면허 시험에 통과할 것이라고 생각한다

I will be 29 years old next year. 나는 내년이면 스물아홉 살이 된다

'엘리나(Elena)가 운전면허 시험에 통과'하고, '내가 내년에 스물아홉 살이 될' 것을 예측하는 것은 결국 이런 일들이 미래에 일어날 일들이라는 것을 포함하고 있는 것입니다.

말하는 사람의 의지(미래 시제 = 말하는 사람의 의지+미래의 시간)

will이 사용된 미래 시제는 예측과 마찬가지로 말하는 사람의 의지를 나타내 주기도 하는데,

앞으로 무엇을 하겠다는 의지의 표현은 결국 '그 일을 미래에 하겠다'라는 것을 의미하는 것입니다. 즉, 미래 시제는 '의지+미래의 시간'이 됩니다.

Your suitcase looks heavy. I will carry it for you.
당신의 가방이 무거워 보이는군요. 제가 들어 드리겠습니다

I will call you tomorrow, OK? 제가 내일 전화 드리겠습니다. 그래도 괜찮죠?

가방을 들어 주고, 전화를 걸겠다는 의지는 결국 그런 일들이 미래 시간에 일어날 것이라는 점을 포함하고 있습니다.

듣는 사람의 의지(미래 시제 = 듣는 사람의 의지+미래의 시간)

will과 같은 조동사는 대개 말하는 사람의 예측이나 의지를 표현하는 데 사용되지만 shall은 예외적으로 말하는 사람의 의지가 아닌 듣는 사람의 의지를 나타내는 데 사용됩니다. 이 경우에도 동사와 관련된 일은 미래에 일어날 것임이 포함된다고 할 수 있습니다.

Shall we go for a walk? 산책 가는데 같이 가시겠어요?

Shall I call you tonight? 오늘 제가 전화 드려도 괜찮으시겠어요?

'산책 가실 의향이 있으세요?' 또는 '저녁에 전화 드려도 좋을까요?'라고 묻는 것은 말하는 사람이 중심에 있지 않고 듣는 사람이 중심이 되어 그 사람의 의지를 묻는 것이 됩니다. shall은 일상생활에서는 잘 쓰이지 않고 격식을 갖춘 공식적인 자리에서 주로 사용됩니다.

be 동사에 시제를 표시해 주는 영어의 형용사와 달리(was busy) 우리말의 형용사는 동사처럼 시제 표시를 해 줄 수 있습니다(바쁘다, 바빴다, 바쁠 것이다). 시제 사용 면에서 우리말의 동사와 형용사는 별 차이가 없다고 할 수 있습니다.

EXERCISE —— 1

1__ 밑줄 친 동사의 시제가 나타내는 실제의 시간과 그 외의 정보(있다면)가 무엇인지를 고르세요.

1) I'm cold. Can you close the window, please?

(a) 현재 (b) 과거 (c) 미래

2) It's a nice day. I think I will go to the park.

(a) 미래+말하는 사람의 예측 (b) 미래+말하는 사람의 의지 (c) 미래+듣는 사람의 의지

3) She lost her keys last night.

(a) 현재 (b) 과거 (c) 미래

4) I start my new job on Monday.

(a) 현재 (b) 과거 (c) 미래

5) Before they went to live in New Zealand, they got married.

(a) 뉴질랜드로 가기 전 (b) 뉴질랜드로 간 후 (c) 뉴질랜드로 가는 시간과 같은 때

6) When I finish high school, I will go into the army.

(a) 현재 (b) 과거 (c) 미래

2__ 다음의 문장을 해석해 보세요.

1) Mario works very hard. He starts at 7:30 and finishes at 8 o'clock at night.

____

2) I work in a travel agency now. Before that I worked in a department store.

____

3) I don't think the test will be difficult.

____

3__ 주어진 단어를 이용하여 영문을 우리말로 옮기세요.

1) 나는 매일 아침 이를 닦습니다. 오늘 아침에도 이를 닦았습니다. ▶ brush

I ______ my teeth every morning. This morning I ______ my teeth.

2) 날씨가 따뜻해 나는 코트를 벗었습니다. ▶ be, take

It ______ warm, so I ______ off my coat.

3) 피곤하세요? 제가 커피 한 잔 만들어 드릴까요? ▶ will 또는 shall

Are you tired? ______ I make a cup of coffee?

4__ 보기 중에서 빈칸 안에 들어갈 알맞은 말이나 틀린 곳을 하나 고르세요.

1) The high-quality inkjet printers ______ to gain popularity two years ago.

(a) is starting (b) starts (c) started (d) will start

2) Besides visiting her parents, Liz McMillan usually _______ out at a Seattle fitness club with her husband whenever she finds time.

(a) work (b) works (c) worked (d) working

3) The CEO will talk about(a) it at(b) the conference when our clients will have(c) an inquiry(d).

II

진행과 완료 시제

진행과 완료 시제는 단순 시제와는 다른 것인가요?

진행이나 완료 시제는 문장이 가리키는 사건이 어느 특정한 시간에 발생했는지를 말해 주는 단순 시제와 달리 발생한 일이 완료가 되었는지(완료 시제), 아니면 완료가 되지 않고 미완인 채 계속 진행 중인지를(진행 시제) 나타내는 언어적인 장치입니다. 사건이 언제 진행 중이고 언제 완료가 된 것인지의 특정한 시간을 나타내려면 앞에 현재, 과거, 미래를 붙여 현재진행 시제, 현재완료 시제처럼 말하면 됩니다.

01 진행 시제

진행 시제는 동사의 기본형에 -ing가 붙고 앞에는 be 동사가 있는 모습으로 사건이 진행 중이라는 것을 말해 주는데, 어느 특정한 시간에 그러한지를 말해 주는지에 따라 현재진행 시제, 과거진행 시제, 미래진행 시제로 나뉩니다.

현재진행

is/are+-ing의 형태를 갖습니다. 동사가 나타내는 사건이 현재 시점에서 진행되고 있음을 말합니다. 그러나 때로 미래의 사건을 나타낼 수 있습니다.

현재에 진행 중인 일

She's eating. 그녀는 지금 무엇을 먹고 있는 중이다

They're running. 그들은 지금 뛰고 있다

위에서 '먹는 행위', '뛰는 행위'는 모두 '현재 일어나는 도중'이라는 것을 의미하는데, 동시에 '아직 그 일들이 끝나지 않았음'도 의미합니다.

미래에 일어날 일

현재진행 시제는 이름이 나타내는 것과 달리 미래의 시간을 나타낼 수 있습니다. 그러나 이때의 사건은 대개 일어날 것이 이미 예정(계획, 약속)되어 있고 가까운 시일 안에 일어날 것임을 의미합니다.

Andrew is playing tennis tomorrow. 앤드루는 내일 테니스를 친다

I'm not working next week. 나는 다음 주에 일을 하지 않는다

위의 문장들은 '현재 테니스를 치고 있는 중'이거나 '일을 하고 있다'는 말이 아닙니다. 문장에 미래의 시간을 나타내는 tomorrow, next week와 같은 부사가 있는 것으로 보아 형태는 현재진행 시제이지만 실제는 미래의 시간을 나타낸다는 것을 알 수 있는 것이죠. 즉, 앤드루(Andrew)가 테니스를 치고 내가 다음 주에 휴무인 것은 달력에 이미 표시한 예정된 일로 곧 일어날 일이라는 것을 나타냅니다.

미래를 나타내는 또 다른 표현을 정리해 보면, will, be going to, 그리고 현재 시제가 있습니다.

- **will**: 객관적인 예측이나 주관적인 의지(순간적인 결정)를 담은 표현

I think it will rain tomorrow. 내일 비가 올 것이라 생각한다

Do you feel sick? I'll call a doctor. 아프십니까? 의사를 부르겠습니다

- **be going to**: 주관적인 의지(이미 결정한 일)를 담은 표현

We are going to visit France this winter. 우리는 이번 겨울에 프랑스에 가려고 한다

- **현재 시제**: 시간표에 명시된 일로 반드시 일어나는 일을 표현

The plane leaves at 7:30 tonight. 우리 비행기는 오늘 밤 7시 30분에 이륙한다

이들을 실제 일어날 수 있는 가능성이 적은 것에서 큰 순서로 써 보면 'will → be going to → 현재진행 → 현재 시제'가 됩니다. 즉, will 이 사용된 경우에는 실제 그런 일이 발생하지 않을 수도 있지만 현재형이 사용된 경우에는 천재지변이 아닌 경우 반드시 일어날 일이라 할 수 있습니다.

현재진행 시제를 단순 현재 시제와 비교해 보면 현재진행은 주로 현재의 시간을 중심으로 과거와 미래 시간을 조금씩만 나타내는 데 반해, 단순 현재는 그 범위가 훨씬 넓어 어떤 사건을 일반화시키는 것이 가능합니다.

현재진행

I'm doing

과거 현재 미래

(현재진행형)

Tom is taking a shower right now.

톰은 지금 샤워를 하고 있다

Take an umbrella with you. It's raining.

우산을 가져가세요. 비가 오고 있어요

단순 현재

I do

과거 현재 미래

(단순 현재형)

In Taiwan, it rains a lot in the summer.

타이완에는 여름에 비가 많이 온다

Water boils at 100 degrees Celsius.

물은 섭씨 100도에서 끓는다

위의 문장에서 '톰(Tom)이 샤워를 하는 일'은 현재를 중심으로 불과 30분 정도의 짧은 시간에 일어나는 일에 불과하나 '타이완에서 여름에 비가 많이 오는 것'은 '현재 비가 많이 내리고 있다'라는 것보다는 '이 지역은 보통 여름에 비가 많이 내린다'라는 일반적인 사실을 말해 주는 것이 됩니다. 우리말에서 현재진행은 '-고 있다', '-는 중이다' 등으로 표현됩니다(영수가 책을 읽고 있다, 순이는 학교에 가는 중이다). 그리고 과거진행은 '-고 있었다', '-는 중이었다'처럼 '있다', '중이다'의 동사에 과거 표시 어미를 붙여 과거 시제 동사로 만들어 주면 됩니다.

과거진행

was/were+-ing의 형태를 갖습니다. 동사가 나타내는 사건이 과거 시점에서 진행되고 있음을 말합니다.

> Kelly was playing tennis at 4 o'clock.
>
> 켈리는 4시에 테니스를 치고 있었다
>
> In 2007, we were living in China.
>
> 2007년에 우리는 중국에 살고 있었다
>
> Eric was reading a book when the phone rang.
>
> 에릭은 전화기가 울렸을 때 책을 읽고 있었다

테니스를 치고, 중국에 살고, 책을 읽고 있는 진행 중의 일들이 모두 '4시', '2007년', '전화기가 울렸을 때'와 같이 과거의 특정 시점에서 이루어졌다는 것을 나타냅니다.

모든 동사가 진행 시제를 가질 수 있는 것은 아닙니다. 비교적 긴 시간 동안 유지되는 소유 관계나 사물의 특징과 관련해 사람이 부지불식간에 자연스럽게 인식하게 되는 have, like, love, know, understand, remember, feel, smell 등과 같이 소유, 인지, 감정 등을 나타내는 소위 상태 동사는 진행형을 만들 수 없습니다(John is having a good car(×)[존은 차를 가지고 있는 중이다]). 그러나 소유가 아니고 일순간 경험하는 것을 나타내거나(John is having a good time[존은 즐거운 시간을 보내고 있다]), 일정 시간에만 의도적으로 그렇게 하는 것이라면 진행 시제도 가능합니다. I smell flowers(꽃 냄새가 난다)는 일부러 꽃 냄새를 맡으려 하지 않아도 자연스럽게 냄새가 맡아지는 것이고, I am smelling the flowers in the garden(나는 정원에 있는 꽃을 냄새 맡아 보았다)는 일부러 꽃 냄새를 맡는 것을 말합니다.

미래진행

'will + be + ...ing'의 형태를 갖고 동사가 나타내는 사건이 미래 시점에 진행되고 있을 것이라는 것을 나타냅니다. 의지의 의미보다 미래의 시간을 더 나타냅니다.

I'll be waiting for you at five this afternoon. [미래의 시간]

나는 오늘 오후 5시에 당신을 기다리고 있을 거예요

cf. I will wait for you at five this afternoon. [미래의 시간 + 말하는 사람의 의지]

나는 오늘 오후 5시에 당신을 기다릴게요

미래진행 시제가 사용된 첫 번째 예문은, 단순 미래 시제가 사용되어 미래의 시간과 말하는 사람의 의지를 모두 나타내는 두 번째 예문과 달리, 말하는 사람의 의지보다는 미래의 시간을 더 나타내고 있습니다. 즉, 상대방을 기다리는 행위의 실제 발생 가능성이 첫 번째 예문에서 더 크다는 것을 나타내 줍니다.

02 완료 시제

동사의 완료 시제는 'have+동사의 과거분사'의 형태(예: have worked)를 가지는데, 이것은 동사가 나타내는 사건이 특정 시점 이전에 발생하여 특정 시점까지 계속되고, 그 결과 발생된 사건이 특정 시점과 더 연관을 맺게 될 때 사용됩니다. 완료형은 이 특정한 시간이 현재이냐 과거이냐 미래이냐에 따라 현재완료, 과거완료, 미래완료로 구분이 됩니다.

현재완료

'have/has+동사의 과거분사'의 형태를 갖습니다. 과거에 발생한 사건이 현재와 더 관련을 맺을 때 사용하는데, 이것은 이전에 발생한 일을 화자가 현재의 시점에서 (1) 경험으로(어떤 일이 있었는데 지금 생각하니 그것은 경험으로 여겨진다), (2) 계속으로(어떤 일이 시작되었는데 지금도 그 일이 계속되는 것 같다), (3) 결과로(어떤 일이 있었는데 알고 보니 그 결과 이렇게 된 것 같다), 또는 (4) 완료로(어떤 일이 있었는데 지금 그 일이 다 끝난 것 같다) 인식하고 말하는 방법인 것입니다. 다시 말해, 현재완료 시제는 어떤 일이 과거에 발생했다는 것이 중요한 것이 아니라 그 일을 현재 말하는 사람이 어떻게 생각하고 있느냐가 중요합니다. 참고로, 동사의 과거분사(past participle, 보통 p.p.라고 함)는 동사의 삼단 변화에서 마지막에 있는 것을 말하는데(go-went-gone/love-loved-loved), 이것은 동사의 완료 시제를 만들 때(have gone)나 수식어로 명사를 수식할 때(baked potatoes[구워진 감자])에 주로 사용됩니다.

■_**경험** 의문문과 부정문에서는 ever와 never를 사용함

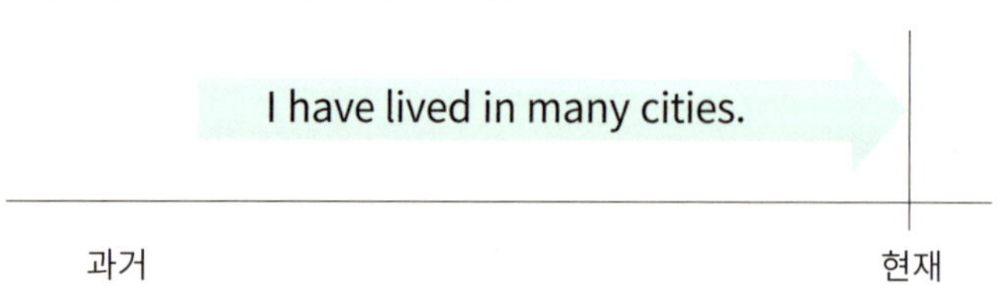

I have lived in many cities. 나는 지금까지 여러 도시에서 살아 본 적이 있다

I have been to Japan twice. 나는 지금까지 일본에 두 번 가 본 적이 있다

처음 예문은 내가 과거 여러 도시에 살았는데, 그 사실을 말하려는 것보다는 지금 그때를 생각해 보니 여러 도시에 살아 본 것이 경험이 된 것 같다는 것을 말하고 있습니다. 즉, 현재완료 시제는 과거의 일을 말하지만 그것을 현재 경험으로 여기고 있다는 데 더 중점을 두고 있다고 볼 수 있습니다. 둘째 예문에서도 마찬가지로 단순히 과거에 일본에 두 번 갔었다는 것을 말하는 것이 아니라 일본에 두 번 가 본 적이 있다는 것을 조금은 자랑스럽게 말하고 있습니다.

■_과거부터 현재까지의 어떤 일의 계속에 대해 말할 때 전치사 since와 for가 많이 사용됨

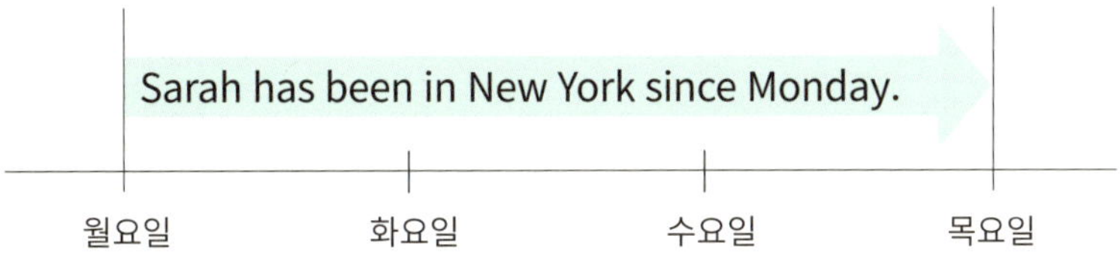

Sarah has been in New York since Monday.

세라는 월요일부터 지금까지 뉴욕에 머물고 있다

I know Isabel. I have known her for 10 years.

나는 이저벨을 안다. 나는 십 년 동안 그녀와 알고 지내고 있다

처음 예문은 '세라(Sarah)가 지난 월요일에 뉴욕에 갔다'라는 사실보다는 그 이후 지금도 여전히 뉴욕에 머무르고 있다는 사실을 강조하는 말입니다. 만약 지난 월요일에 간 사실만을 말한다면 단순 과거 시제만을 사용하면 됩니다(Sarah went to New York last Monday). 하지만 이 경우 현재는 뉴욕에 있는지 없는지에 대해서는 말해 주지 않습니다. 따라서 '현재에도 계속 뉴욕에 있다'라는 상황을 말해 주기 위해 현재완료 시제를 사용합니다. 참고로, 완료형

에서 사용되는 for는 숫자로 표시되는 얼마 동안인지를 말해 줄 때(for three days), since는 기간이 시작된 때를 말해 줄 때 사용합니다(since Friday). 그리고 기간을 나타내는 전치사에는 during도 있는데, during은 during a meal, during the vacation과 같이 특정한 기간을 칭하는 말과 함께 사용됩니다(It happened during the vacation).

■_과거의 일이 현재에 발생시킨 결과에 대해 말할 때

He has washed his car. 그는 차를 씻었다[그 결과 지금 차가 깨끗하다]

They have gone out. 그들은 밖에 나갔다[그 결과 지금 집에 없다]

마찬가지로 위의 예문에서도 그가 과거에 세차를 한 것을 말하려는 것이 아니라 세차 결과 지금 자기 차가 매우 깨끗하다는 것을 자랑 삼아 말하려는 것입니다. 단순히 세차한 사실만을 말하려면 과거 시제를 사용해도 됩니다(He washed his car).

■_과거에 시작된 일이 현재에 완료되었음을 말할 때 부사 just와 already가 많이 사용됨

He has just written a book. 그는 방금 책 쓰는 것을 마쳤다

We've already done our packing for our trip. 우리는 이미 여행 짐을 다 꾸렸다

처음 예문은 '그는 책 쓰는 것을 방금 마쳤다'라는 것을 나타냅니다. He wrote a book과 같이 단순 과거 시제를 사용한 것이라면 그는 과거에 책을 썼는데 구체적으로 언제 썼는지는 나타내지 않습니다. 반면에 현재완료를 사용했을 때에는 현재에서 최대한 가까운 과거에 책 쓰는 행위가 완료되었음을 나타냅니다.

현재완료 시제와 과거 시제는 모두 일이 과거에 발생했다는 것을 나타내 주므로 때로 서로 구분 없이 사용이 되기도 합니다. 그런데 과거 시간을 나타내는 부사(yesterday, last year 등)가 있을 경우에는 반드시 과거 시제만을 사용해야 합니다.

I saw Ratana yesterday. (O) vs. I have seen Ratana yesterday. (X)

What did you do last night? (O) vs. What have you done last night? (X)

위의 예문에서 볼 수 있듯 과거의 특정한 시간을 나타내는 yesterday, last year 같은 부사가 사용되면 과거 시제 동사만이 사용 가능하고, 현재완료 시제 동사는 사용될 수 없다는 것을 알 수 있습니다.

우리말에서 현재완료는 '-았-/-었-, -아/-어 있다, -아/-어 왔다, … 본 적이 있다' 등을 사용하며 영어처럼 경험, 완료, 계속, 결과를 나타낼 수 있습니다. 나는 태국에 가 본 적이 있다(경험). 나는 밥을 다 먹었다(완료). 그녀는 10년 전부터 여기서 살아왔다(계속). 그는 영국에 유학을 가 있다(지금은 여기에 없다)(결과).

과거완료

'had+동사의 과거분사'의 형태를 갖습니다. 어느 특정 과거의 시간보다 더 이전에 발생한 사건이 그 후 계속되고 특정 과거와 관련을 맺을 때 사용하며 그 의미는 현재완료 시제와 마찬가지로 경험, 계속, 결과, 완료를 갖게 됩니다. 즉, 과거 시점에서 그보다 더 먼저 일어난 일에 대해 경험, 계속, 결과, 완료라고 인식하며 말을 하는 것입니다.

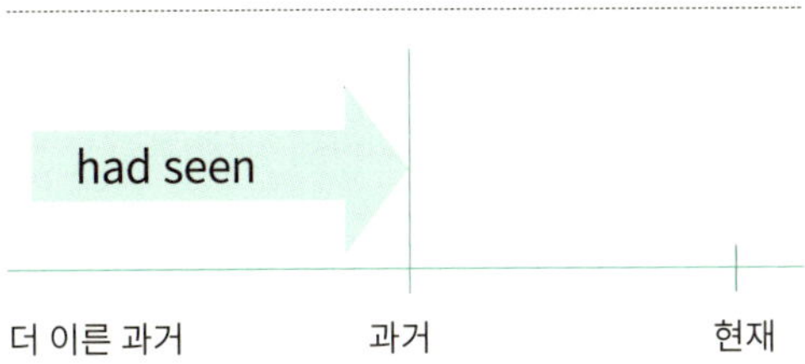

과거완료

I didn't know who she was. I'd never seen her before. [경험]

나는 그녀가 누군지 몰랐다. 나는 그녀를 한 번도 본 적이 없었다

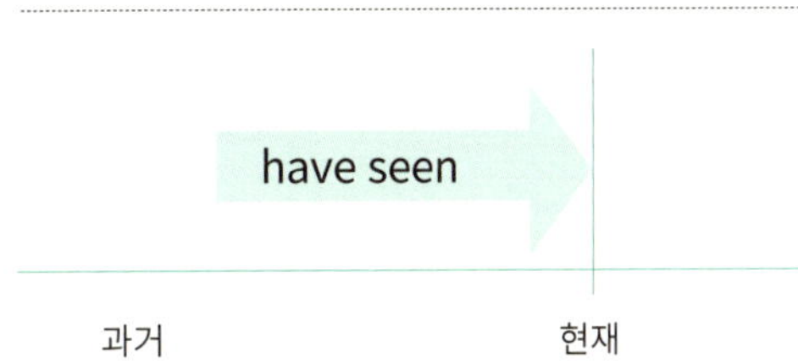

현재완료

I don't know who she is. I've never seen her before. [경험]

나는 그녀가 누군지 모른다. 나는 그녀를 한 번도 본 적이 없다

Susan lived in Brasilia. She had lived there all her life. [계속]
수전은 브라질리아에 살았다. 그녀는 평생을 그곳에서 살아왔다

Susan lived in Brasilia. She has lived there all her life. [계속]
수전은 브라질리아에 살았다. 그녀는 평생을 그곳에서 살고 있다

The house was dirty. They hadn't cleaned it for weeks. [결과]
집이 더러웠다. 그들은 몇 주 동안 청소를 하지 않았었다

The house is dirty. They haven't cleaned it for weeks. [결과]
집이 더럽다. 그들은 몇 주 동안 청소를 하지 않았다

We weren't hungry. We'd just had lunch. [완료]
우리는 배가 고프지 않았다. 방금 밥을 먹었었다

We aren't hungry. We've just had lunch. [완료]
우리는 배가 고프지 않다. 방금 밥을 먹었다

과거완료 시제가 사용된 I didn't know who she was. I'd never seen her before는 나는 그녀를 몰랐었는데 그 이유를, '나는 그녀를 이전에 보지 않았었다'라는 과거 이전의 일을 '나는 그녀를 본 적이 없었다'라는 과거 시점에서의 경험으로 여겨 말하는 것이고, 현재완료 시제가 사용된 I don't know who she is. I've never seen her before는 나는 지금 그녀를 잘 모르는데 그것은 '그녀를 전에 만나 본 적이 없기 때문이다'라는 과거에서의 일을 현재 시점에서의 경험으로 인식하고 말을 하는 것입니다. 과거완료 시제가 사용된 다른 예문의 경우에도 모두 기본적으로는 계속, 결과, 완료라는 완료 시제의 의미를 가지나 그 적용 시점이 과거라는 공통점을 갖습니다.

미래완료

'will+have+동사의 과거분사'의 형태를 갖고 어떤 일이 미래에 완료되어 있을 것이라는 것을 나타냅니다. 여기에서는 주로 'by+미래의 시간'을 동반하여 완료의 의미를 갖습니다.

By the time you get home I will have cleaned the house. [완료]

네가 집에 도착할 때면 나는 집을 다 청소해서 치워 놓을 거야

위 문장의 will have cleaned처럼 미래완료는 '그때까지는 다 해 놓을게' 정도로 해석이 됨을 알 수 있습니다.

언어 발달의 측면에서 시제를 보면 어린이들은 거의 초등학교에 진학하기 전까지는 현재의 사건에 국한해 말하고(즉, 현재와 현재진행 시제를 주로 사용함), 초등학교에 들어가는 나이가 될 때 과거의 일에 대해 잘 말할 수 있게 됩니다(과거 시제 사용). 그리고 초등학교 3학년 정도가 되면 과거에 일어난 일을 현재의 자기 생각으로 표현할 수 있습니다(완료 시제 사용). 곧이어 아이들은 복잡한 일을 말할 수 있고(복문의 사용) 일에 대해 자기의 생각을 자유롭게 표현할 수 있게 되는데(조동사의 사용), 이때 비로소 아이들은 자기의 주장을 피력할 수 있고 주어진 글에 대해서도 내적 동기나 의도를 파악할 수 있게 되어 본격적인 학습을 시작할 수 있는 시기가 됩니다.

즉, 초등학교 고학년이 되는 무렵이면 이전의 재미있고 단순한 글을 읽고 단어나 간단한 문장 정도를 써 보는 것에서 복잡한 구조를 갖는 글을 이해하고 설명문과 같은 단락으로 이루어진 글을 써 보는 단계로 넘어가게 됩니다. 근래 유치원이나 초등 저학년 수준의 아이들에게 복잡한 글을 읽히고 어려운 에세이를 쓰게 하는 것은 아이들에게 큰 부담을 주고 학습 의욕을 저하시킬 수 있음을 유의해야 할 것입니다.

EXERCISE —— 2

1__ 적절한 시제를 선택하여 문장을 완성하세요.

1) Excuse me, ______________________ English?

do you speak / are you speaking

2) We __________ a new refrigerator yesterday.

bought / has bought

3) Listen, somebody ______________________ .

sings / is singing

4) Julia isn't here. She _____________ home.

went / has gone

5) Mary __________ to the dentist on Thursday. She has an appointment with the dentist.

is going / will go

6) What time ______________________ work every day?

does your father finish / is your father finishing

2__ 다음의 문장을 해석해 보세요.

1) Jim plays the guitar. He's not playing the guitar now.

____

2) I'm meeting Bill at the movies tonight.

____

3) I've traveled by plane, bus, and train. Someday, I want to take a trip by boat.

____

3__ 주어진 단어를 이용하여 우리의 글을 영어로 옮겨 보세요. (동사를 알맞은 시제로 고쳐 사용하세요)

1) 나는 내 차를 7년 동안 소유하고 있습니다. ▶ have

I __________ my car for seven years.

2) 연주회는 7시 30분에 시작합니다. ▶ start

The concert __________ at 7:30.

3) 나는 네가 전화했을 때 텔레비전을 보고 있었다. ▶ watch, call

I _____________ television when you __________ me.

4__ 보기 중에서 빈칸 안에 들어갈 알맞은 말이나 틀린 곳을 하나 고르세요.

1) Here is the complete list of the places we __________ since we started traveling.

(a) visited (b) are visiting (c) have visited (d) visit

2) I think you will find (a) our proposal, which is including (b) an estimated (c) return on investment, very satisfactory (d).

3) Until the beginning of last year, the company ____________ one of the largest electronic manufacturers in Korea.

(a) was (b) has been (c) were (d) have been

III

문장의 기본 구성 요소

문장은 무엇으로 이루어져 있나요?

문장(sentence)이란 사람의 생각이나 감정을 어느 정도 완전한 의미로 전달하기 위해 사용되는 것으로 기본적으로 여러 단어들이 모여서 이루어집니다. 예를 들어, Mary ate bread(메리는 빵을 먹었다)라는 문장은 Mary, ate, bread 세 개의 단어가 모여 구성된 것이라고 말할 수 있습니다. 이것은 마치 어떤 가족에 대해 말하며 이 가족은 세 명의 구성원들로 이루어져 있다고 하는 것과 같습니다. 사실, 문장이란 엄밀하게는 하나 이상의 절이 모여서 된 것을 말하지만 절이라는 용어가 너무 전문적이어서 여기에서는 문장을 절 대신 사용하였습니다.

그런데 가족을 소개할 때, 단순히 '우리 가족은 세 명입니다'라고 하는 것보다는 '우리 가족은 세 명인데, 이분은 엄마, 이분은 아빠, 그리고 저는 아들이에요'라고 구성원을 엄마, 아빠, 아들이라는 호칭을 사용해 서로를 구분하면서 말해 준다면 그 가족에 대해 좀 더 상세히 알 수 있게 됩니다.

이와 마찬가지로 문장에 대해서도 '이 문장은 세 개의 단어로 구성되어 있습니다'라고 막연하게 말하는 것보다는 각 단어에 대해서 명사, 동사 등과 같이 예로부터 사용되어 온 품사라는 이름을 사용하여 서로 구분해 줄 수 있습니다. 즉, 'Mary, bread는 명사이고 ate은 동사입니다'라고 한다면 적어도 Mary와 bread는 사람이나 사물을 나타내는 말이고 ate은 어떤 행위를 하는 말인 것을 알고, 따라서 적어도 사람과 사물 사이에 어떤 행위가 이루어지고 있음을 이해할 수 있게 됩니다. 참고로, 낱말이 품사(part of speech)로 분류된다는 생각은 아리스토텔레스(384-322 BC)가 살던 시대에 이미 제시되었는데, 품사는 단어 자체가 갖는 의미를 기준으로 명사, 대명사, 동사, 형용사, 부사, 접속사, 전치사, 감탄사 등으로 제시되어 왔습니다. 즉, 사물을 가리키면 명사, 명사 대신 사용되면 대명사, 움직임을 나타내면 동사라 하는 것과 같습니다.

그런데 가족을 소개하면서 '우리 가족은 엄마, 아빠, 그리고 나 세 명인데 아빠는 회사에 다니시고, 엄마는 집에서 가정 일을 하시고, 나는 학생이에요'라고 매우 상세히 말할 수도 있는데, 이는 가족 구성원들이 가족에서 어떤 역할을 하는지까지 말해 주는 것이 됩니다. 즉, 아빠는 돈을 버시고, 엄마는 가족을 돌보시고, 나는 공부하며 소비하는 사람인 것을 나타내어 가족 구성원의 경제적, 사회적 역할까지 자세히 말해 주는 것이 됩니다.

마찬가지로 Mary ate bread의 문장에 대해서도 '이 문장은 Mary, bread라는 명사 두 개와 ate이라는 동사 한 개로 이루어져 있는데, 명사 Mary는 주어, 동사 ate은 동사어, 명사 bread는 목적어의 역할을 해요'처럼 더 상세히 말할 수 있습니다. 이는 Mary는 문장에서 빵을 먹은 사람으로서의 주어 역할을(즉, 빵을 먹은 사람), ate은 주어가 무슨 행위를 했는지의 동사어 역할을(즉, 먹은 행위), 그리고

bread는 주어가 먹은 대상으로서의 목적어 역할을(즉, 주어가 먹은 빵) 한 것까지 자세히 나타내 주는 것이 됩니다. 참고로, 주어, 동사어, 목적어 등은 문장 구성 성분(sentential component)이라고 하여 명사, 동사, 형용사와 같은 품사(part of speech)와 구별됩니다.

이와 같이 단어를 그 역할(기능)에 따라 분류하는 방법은 문장을 설명하는 데 아주 효과적이어서 실제 매우 많이 사용됩니다.

Mary + ate + bread.

(명사) (동사) (명사) .... 품사(단어의 의미)를 사용해 단어를 구분

(주어) (동사어) (목적어) .... 문장에서의 역할에 따라 단어를 구분

단어들에는 어떤 것들이 있을까요?

단어들은 크게 명사, 동사, 형용사와 같은 개방 단어군과 전치사, 조동사와 같은 폐쇄 단어군으로 나눌 수 있습니다.

1) **개방 단어군**(open categories)

명사, 동사, 형용사가 여기에 속하며 의미가 대개 분명합니다. 사전에서 단어의 수가 매우 많고, 신조어들이 매년 끊임없이 만들어집니다. 근래 만들어진 단어의 예로는 외모 지상주의를 나타내는 lookism, 태블릿 피시나 스마트폰 등과 같은 첨단 디지털 기기를 이용해 유목민처럼 자유롭게 이동하며 일을 하는 사람을 나타내는 digital nomad, '인터넷에서 검색하다'라는 의미를 갖는 google, 그리고 '쿨하다'(You are so obama)를 의미하는 obama와 같은 신조어가 있습니다.

명사(noun): book, boy, tree, lookism(외모 지상주의), digital nomad(디지털 유목민)

동사(verb): arrive, buy, give, google(검색하다)

형용사(adjective): tall, red, cheap, obama(쿨하다)

우리말의 단어도 품사로 구별이 가능하며 영어와 마찬가지로 개방 단어군에서 신조어가 활발히 만들어집니다. 화장하지 않은 맨얼굴을 가리키는 '쌩얼', '눈물 난다'는 뜻의 '안습', 그리고 '지켜 주지 못해서 미안해'를 의미하는 '지못미' 등의 예가 있습니다.

2) **폐쇄 단어군**(closed categories)

부사, 관사, 대명사 등이 여기에 속하는데, 사전에서 단어의 수가 매우 적고, 새로 잘 만들어지지 않습니다. 그리고 단어의 의미가 대체로 불분명합니다. 구체적으로 만질 수 있고 인식하기 쉬운 명사 book(책)을, 대체로 그 의미가 애매하고 불확실한 전치사 off(떨어져, 벗어나, 쉬는 등)나 조동사 have(했다, 해 버리다, 해 오고 있다 등, He has read the book) 등과 비교해 보면 그 의미 차이가 분명히 드러납니다.

부사(adverb): completely, very, then

관사(article): a, the

지시사(demonstrative): this, that

대명사(pronoun): he, she, they

전치사(preposition): in, at, from

접속사(conjunction): and, when, although

조동사(auxiliary): can, have, be, will

감탄사(interjection): oh, alas, bravo

01 명사

명사의 정의

명사는 사람이나 사물을 부르는 말(Harry, apple, book)로, 문장을 구성하는 여러 품사(단어)들 중 하나입니다. 명사는 보통 특정한 사람이나 장소의 이름을 나타내는 고유명사와 일반적인 사물이나 생각을 나타내는 일반(보통)명사로 나뉘거나, 또는 사람, 장소, 동식물, 사물과 같이 물리적인 실체가 있는 구상명사와 사랑, 명예, 행복과 같이 실체가 없이 생각으로만 존재하는 추상명사로 나뉩니다. 또한 셀 수 있는지, 없는지를 기준으로 가산명사와 불가산명사로 나뉘기도 합니다.

고유명사(proper nouns) Mary, London	vs.	일반(보통)명사(common nouns) dog, happiness
구상명사(concrete nouns) book, water	vs.	추상명사(abstract nouns) experience, love
가산명사(countable nouns) pencil, cup	vs.	불가산명사(uncountable nouns) water, honor

명사의 종류

영어는 단수와 복수의 구별이 매우 중요하므로 명사를 크게 가산명사와 불가산명사로 나누어 보는 것이 가장 일반적입니다.

■_**가산 명사** 셀 수 있는 명사

일정한 모양을 갖추고 있어 한 개, 두 개처럼 셀 수가 있습니다. 한 개인 경우 a/an과 같은 부정관사(원래 '하나'를 의미)나 하나의 숫자를 나타내는 수사 one을 명사 앞에 두며, 두 개 이상인 경우 two, three 같은 수사를 앞에 놓고 명사는 복수형으로 만듭니다. 주로 보통명사가 여기에 속합니다(pencil, dog, book, table, computer, house).

I have a pig. 나는 한 마리의 돼지를 가지고 있다

There are two pencils on the desk. 책상 위에 두 자루의 연필이 있다

pig는 일정한 형태를 갖추고 있는 셀 수 있는 일반명사이므로 하나를 의미하는 부정관사 a와 함께 사용될 수 있으며(a pig), pencil은 두 개이므로 둘을 의미하는 수사 two와 함께 복수를 의미하는 어미 -s를 명사 끝에 붙여 사용합니다(two pencil+s → two pencils).

단수, 복수 구별이 중요하지 않은 우리말에서는 '두 자루의 연필'처럼 연필을 복수형(즉, 연필들)으로 말하지 않지만, 영어에서는 반드시 two pencils(두 자루의 연필들)라고 연필을 복수형(pencils)으로 나타내어야 합니다. 참고로, 우리말에서도 영어처럼 복수 명사의 경우 복수 접사(-들)를 붙일 수 있지만, 복수 명사에 복수 어미(-s)를 반드시 사용해야 하는 영어와 달리 특별히 강조하고자 하는 의도가 없으면 잘 붙이지 않습니다. 재미있게도 우리말에서는 주어가 복수 명사이나 생략된 경우에는 부사나 동사에 주어가 복수임을 나타내는 조사 '들'이 붙기도 합니다(어서들 오세요, 많이들 드십시오).

■_**불가산명사** 셀 수 없는 명사

일정한 모양이 없는 물질이나 머릿속에 개념으로만 존재하는 것으로 셀 수 없으며 원칙적으로는 복수형을 만들 수 없습니다(water, snow, rain, fun, happiness, music, beauty). 하나, 둘처럼 셀 수 없기에 부정관사나 one, two, three와 같은 수사와 함께 사용될 수 없으며 복수를 의미하는 어미 -s도 붙일 수 없습니다. 물질명사(iron, time, music 등)와 추상명사(difficulty, advice, experience 등)가 여기에 해당됩니다.

iron　It is as hard as iron. 그것은 쇠처럼 단단하다

music　He studied music. 그는 음악을 공부했다

difficulty　I have difficulty in remembering names.
나는 이름을 기억하는 데 어려움을 가지고 있다

iron(쇠)은 낫과 같이 물건으로 만들어지기 전에는 일정한 부피나 모양이 없으며 music(음악) 또한 소리로 일정한 형태가 없어 물질명사로 불립니다. difficulty(어려움)는 눈이나 귀로 보고 듣는 것이 아니라 머릿속의 개념과 같이 추상적으로만 존재하므로 추상명사라 불립니다. 이들은 셀 수가 없으므로 보통은 부정관사나 수사와 함께 사용하지 못하며, 복수형을 갖지 않습니다.

하지만 이들은 양으로는 많거나 적은 것을 표현할 수 있으므로 much, little, some 등을 앞에 놓을 수 있습니다.

I can't work. There is too much noise. 나는 일을 할 수 없다. 소음이 너무 많다

We had some fun at the zoo. 우리는 동물원에서 얼마간의 즐거운 시간을 가졌다

위의 예문에서처럼 물질명사나 추상명사는 '소음이 많다', '얼마간의 즐거운 시간'과 같이 '많다, 적다'로는 표현이 가능하지만 two noises나 many funs처럼 '두 개의 소음', '많은 개수의 즐거움'과 같이 사용하는 것은 원칙적으로는 불가능합니다.

참고로, 사람의 이름이나 지역의 이름 또는 특정한 사물을 나타내는 고유명사도 물질명사나 추상명사처럼 원칙적으로는 셀 수 없으며 복수형을 만들 수 없습니다.

Susan Lee　Susan Lee works in a department store.
수전 리는 백화점에서 일을 한다

Mt. Everest　Mt. Everest is the highest mountain in the world.
에베레스트산은 세계에서 가장 높은 산이다

위의 예문에서 수전 리(Susan Lee)는 이 세상에 오직 하나뿐인 사람이며 에베레스트산도 오직 하나뿐인 산으로 고유명사에 해당하므로 절대 복수형을 만들 수 없습니다. 그러나 특정한 사람이 아닌 어떤 이름을 가진 여러 사람 중의 한 명을 가리키는 경우에는(실제 이 세상에 Mr. Brown이라 불리는 사람은 단 한 사람이 아니라 많이 있음) 복수형이 가능합니다. 이 경우 고유명사가 보통명사화되었다고 말합니다.

There are two Mr. Browns in the classroom.

이 교실에는 브라운 씨라는 이름을 가진 사람이 둘 있다

명사의 복수형을 만드는 방법에는 여러 가지가 있으며 복수형이 없이 복수의 의미를 갖는 명사도 있습니다.

명사의 복수형은 어떻게 만들까요?

일반적으로 명사의 복수형은 명사에 -s를 붙입니다. 발음은 무성음 뒤에서는 무성음 [s]로, 유성음 뒤에서는 유성음 [z]로 소리가 나는데, 노력하지 않아도 발음을 해 보면 자연스럽게 그렇게 발음이 됩니다.

a flower → some flowers　　a week → two weeks

a tree → many trees　　this hat → these hats

하지만 명사의 끝이 -s, -sh, -ch, -x로 끝나는 경우에는 명사에 -es를 붙입니다. 이들은 발음이 [s]와 비슷하므로 -s를 붙이면 ss처럼 되고, 이것은 발음하기가 어려우므로 가운데 모음을 넣어 발음해 줍니다([iz]). 자음-모음의 조합이 가장 발음하기 쉬운 구조이기 때문입니다.

bus → buses　　dish → dishes　　church → churches　　box → boxes

명사가 -y로 끝나는 경우 명사에 -y 대신 -ies를 붙입니다.

baby → babies　　dictionary → dictionaries　　party → parties

그러나 명사가 -ay, -ey, -oy로 끝나는 경우에는 이들 뒤에 -s를 붙입니다.

day → days　　monkey → monkeys　　boy → boys

명사의 끝이 -f, -fe로 끝나는 경우에는 이들 대신 -ves를 붙입니다.

shelf → shelves　　leaf → leaves　　wife → wives

어떤 명사들은 복수형이 -s로 끝나지 않고 명사 속의 모음이 변하기도 합니다. 이들은 대개 다른 언어에서 영어로 온 단어들입니다.

man → men　　woman → women　　foot → feet　　tooth → teeth

형태는 복수형이 아닌데 복수의 의미를 갖는 것으로 여겨지는 명사들

어떤 명사들은 따로 복수를 나타내는 표시가 있는 것도 아닌데(즉, 명사 뒤에 복수 어미 -s가 붙어 있지 않음) 복수 명사로 사용이 됩니다.

Those sheep are very noisy. 저 양들이 아주 소란스럽다

The best fish smell when they are three days old.

아무리 싱싱한 생선도 3일만 지나면 상한 냄새가 난다

sheep은 복수 어미 -s를 취하지 않았는데도 복수의 의미를(양들) 갖고, fish 또한 마찬가지로 복수의 의미를(생선들) 갖습니다. 그런데 이들 단어들은 그대로 단수로도 사용이 됩니다. 이 같은 경우의 단어들은 단수-복수 동형이라고 말합니다.

There is a sheep in the house. 집 안에 양이 한 마리 있다

a big fish in a little pond. 작은 연못 속의 큰 물고기/우물 안 개구리

people('사람들'을 의미), police와 같은 명사들도 복수 어미를 취하지 않고 복수 명사로 사용이 됩니다.

I like the people here. They are very friendly.

나는 여기에 있는 사람들을 좋아한다. 그들은 매우 친절하다

The police are here. – Why, what do they want? [항상 the police의 형태로]

경찰관들이 여기에 와 있어요. – 왜, 무슨 일로요?

그런데 이들 people, police와 같은 단어들은 단수의 의미를 갖지 못하고 항상 복수로만 사용이 됩니다. 따라서 한 사람, 한 명의 경찰처럼 단수를 나타낼 때에는 per person, a policeman이라고 해야 합니다.

The price is $40 per person. 가격은 1인당 40달러이다

A policeman tracked a robber down. 경찰관이 도둑을 추적하였다

단, people이 사람들이 아닌, 민족들을 의미할 때는 복수 어미가 있는 peoples를 사용합니다.

The Koreans, unlike other peoples, like spicy food.

한국인들은 다른 민족들과 달리 매운 음식을 좋아한다

매우 특별한 경우로 집합명사로 불리는 단어가 있는데, 이들은 개념상으로는 복수의 의미를 가지나 문법적으로는 단수로 취급합니다. 그것은 이들 복수의 구성원들을 하나의 집합으로 보고 단수로 취급하는 것이기 때문입니다. 하지만 한 집합체이지만 구성원 하나하나에 중점을 둘 때에 군집명사라고 하고 복수 취급을 합니다. 이와 같은 단어들에는 family(가족), class(학급), audience(관객), committee(위원회), crew(승무원) 등이 있습니다.

My family is a large one.

나의 가족은 대가족입니다 [family = 집합명사]

All my family get up early in the morning.

우리 가족은 구성원 한 명 한 명이 일찍 일어난다 [family = 군집명사]

첫 번째 예문의 family는 집합명사로 단수 취급되며(따라서 뒤에 오는 be 동사는 단수형인 is가 됨), 두 번째 예문의 family는 개개의 가족 구성원이 강조된 군집명사로 복수 취급이 됩니다(따라서 뒤에 오는 동사는 복수형인 get이 됨).

명사의 특성

명사는 대개 셀 수 있다는 특징을 가지고 있습니다. 그리고 일정한 모양이 없는 물질이나 머릿속에 막연히 들어 있는 추상적인 개념들도 구체적인 모양을 가진 제품이나 현실에서 구체적인 것으로 인식이 되면 일반명사처럼 셀 수 있는 명사로 간주하여 복수형을 만들 수 있습니다. 따라서 앞에 하나를 의미하는 부정관사 a/an이나 단어 뒤에 복수형 어미 -s의 사용이 가능합니다.

Do you have an iron? 다리미 가지고 있습니까?

Did you hear a noise just now? 방금 어떤 소리 나는 것 들었어요?

I had some interesting experiences while I was on vacation.

나는 휴가 기간 동안에 몇 가지 재미있는 경험들을 하였습니다

She is a beauty. 그 여자는 미인이다

iron은 단순한 물질인 쇠가 아닌 '다리미'라는 제품을 의미하므로 보통명사가 된 것으로 볼 수 있습니다. noise의 경우도 막연한 소리가 아닌 현실에서 구체적으로 인식한 것이고, experience의 경우도 막연한 경험이 아닌 실제 자기가 겪은 구체적인 것이며(즉, 등산을 하고, 자전거 타고 하이킹을 하고, 바다에서 서핑을 함), 이것들을 현실감 있게 말하는 경우이기 때문에

보통명사처럼 취급할 수 있습니다. beauty도 아름다움이 구체화된 것으로 미녀라는 의미를 갖는 보통명사인 것입니다.

위의 보통명사화된 단어들을 다음 문장들에서 사용된 물질명사나 추상명사의 단어들과 비교해 보면 그 구체성을 좀 더 명확히 파악할 수 있습니다.

They used the tools made of iron. 그들은 쇠로 만든 도구들을 사용했다

I can't work. There's too much noise. 너무 시끄러워 일을 할 수 없습니다

They offered me a job because I had a great deal of experience.
내가 경험을 많이 가지고 있었기 때문에 그들은 나에게 일자리를 제공해 주었다

Beauty is to be admired. 아름다움은 찬사 받아야 한다

즉, 위의 예문에서 iron은 단순한 쇠이며, noise는 다른 소리와 구별되는 특별한 소리가 아닌 단순한 소음을 의미하며, experience 또한 일자리와 관련된 구체적인 경험들을 말하는 것이 아닌 막연한 경험이며, beauty 역시 구체화된 아름다움이 아닌 추상적인 의미의 아름다움을 의미합니다.

개념상 셀 수 있을 것 같으나(즉, 일반명사 같으나) 실제로는 셀 수 없는 물질명사나 추상명사가 있습니다. bread(빵), furniture(가구), baggage(짐), advice(충고), information(정보), news(뉴스) 등의 이들 단어들은 우리말에서 빵 한 개, 가구 하나, 짐 두 개, 충고 하나, 정보 하나, 뉴스 하나처럼 수사와 함께 사용할 수 있어 영어에서도 셀 수 있는 단어일 것 같으나 실제로는 셀 수 없는 불가산명사로 수사나 복수형 -s를 취할 수 없습니다. 따라서 부정관사를 취하거나 복수형을 사용한 다음의 단어들은 틀리게 사용된 것입니다.

I'm going to buy a bread. (X) 나는 빵을 한 개 사러 갈 것이다

She gave us some useful advices. (X) 그녀는 나에게 좋은 충고를 몇 개 해 주었다

그러나 이들 단어들은 현실적으로 많이 사용되고 개수를 세는 일도 많이 있으므로 다른 수를 셀 수 있는 말의 도움을 받아 셀 수 있게 하고 있습니다(a piece of, a glass of, a loaf of 등).

bread → a loaf of bread (빵 한 덩어리)
advice → a piece of advice (충고 하나)
water → a glass of water (물 한 잔)
coffee → a cup of coffee (커피 한 컵)
perfume → a bottle of perfume (향수 한 병)
rice → two bowls of rice (밥 두 공기)

bread, advice는 문장에서 다음과 같이 사용되어야 맞습니다.

I'm going to buy a loaf/piece of bread. 나는 빵을 한 덩어리/조각 사러 갈 것이다
She gave us some useful pieces of advice. 그녀는 나에게 좋은 충고를 몇 개 해 주었다

셀 수 있게 도와주는 단어로 가장 많이 사용되는 것은 '개, 조각'을 의미하는 piece입니다.

In this furniture store, there are many pieces of beautiful furniture that'll suit women's tastes. 이 가구점에는 여성 취향의 예쁜 가구들이 많다
He gave me a useful piece of information. 그는 내게 유용한 정보 하나를 제공했다

news는 형태가 복수형으로 보여(new+s) 복수의 의미(뉴스들)로 잘못 인식할 수 있으나 실제로는 불가산명사인 것입니다. 뉴스는 개수를 셀 때 piece나 item을 사용합니다.

Here's an interesting piece of news. 여기 재미있는 뉴스가 하나 있어요

baggage의 경우에는 도움 말이 없으므로 구체적인 짐(가방, 여행 가방 등)으로 개수를 헤아립니다.

Can I ask you for a hand with these two bags, please?
이 짐 두 개를 좀 들어 주시겠어요?

02 동사

동사의 정의

동사는 행위, 느낌, 상태를 나타내는 말(run, hurt, remain)로 명사, 형용사와 함께 문장을 구성하는 기본적인 품사에 속합니다. 동사는 타동사와 자동사로 구별됩니다.

동사의 종류

동사는 크게 목적어를 취하는 동사와(타동사) 목적어를 취하지 않는 동사(자동사)로 나눌 수 있습니다.

■_타동사

타동사는 목적어를 하나 갖는 경우(완전타동사)와 두 개를 갖는 경우(수여동사), 그리고 목적어와 목적 보어를 갖는 경우(불완전타동사)로 나뉩니다.

완전타동사

'…을 …하다'라는 의미를 갖는 동사로 동사의 행위가 직접 미치는 목적어(…을)가 반드시 하나 필요합니다(3형식 동사로도 불림).

We moved the piano. 우리는 그 피아노를 옮겼다

John opened the window. 우리는 창문을 열었다

동사 move는 the piano를 목적어로(피아노를), opened는 the window를 목적어로(창문을)

취합니다. 만약 이들 문장에서 목적어가 없다면 무엇을 옮겼는지, 무엇을 열었는지에 대한 정보가 없어 문장을 이해하는 것이 어렵게 됩니다.

수여동사

'…에게 …을 …하다'라는 의미를 갖는 동사로 동사의 행위가 미치는 직접목적어(…을)와 간접목적어(…에게)가 필요합니다. 여기에는 give, teach, send, tell, write, lend, show, buy, make 등의 동사가 있습니다(4형식 동사로도 불림).

David gave Susan a present yesterday. 데이비드는 어제 수전에게 선물을 주었다
I'll send my cousin a postcard. 나는 내 사촌에게 엽서를 보낼 것이다

동사 gave는 수전(Susan)이라는 간접목적어(수전에게)와 a present라는 직접목적어(선물을)를 취합니다. send의 경우에도 간접목적어(my cousin, 내 사촌에게)와 직접목적어(a postcard, 엽서를)를 갖습니다.

수여동사가 사용된 문장에서 간접목적어는 전치사 to를 동반하여 직접목적어 뒤에 나오기도 합니다.

David gave Susan a present yesterday. 데이비드는 어제 수전에게 선물을 주었다
= David gave a present to Susan yesterday.
I'll send my cousin a postcard. 나는 내 사촌에게 엽서를 보낼 것이다
= I'll send a postcard to my cousin.

위의 예문에서처럼 전치사 to를 동반한 간접목적어 to Susan과 to my cousin은 give, send와 같은 수여동사가 있고 직접목적어-간접목적어의 어순을 갖는 문장에서 사용됩니다.

불완전타동사

'…을 …으로/…하게 …하다'라는 의미를 갖는 동사로 목적어 뒤에 목적어의 의미를 보

충해 주는 목적격보어(…으로/…하게)가 필요합니다(5형식 동사로도 불림).

They elected him chairman. 우리는 그를 의장으로 선출했다
목적어 목적보어

He made his wife happy. 그는 아내를 행복하게 해 주었다
목적어 목적보어

첫 번째 예문에서 목적보어 chairman은 목적어인 him이 무엇으로 선출되었는지에 대한 답을 제공함으로써 him에 대한 의미를 보충해 주며, 두 번째 예문에서의 목적보어 happy는 목적어인 his wife가 어떻게 되었는지에 대한 답을 제공함으로써 his wife에 대한 의미를 보충해 주고 있습니다. 목적격보어가 없는 문장은 문장의 의미에 큰 결여가 발생하게 됩니다.

They elected him. (X) 우리는 그를 선출했다

He made his wife. (X) 그는 아내를 해 주었다

위의 두 예문은 목적보어가 없어 목적어 him과 his wife에게 무슨 일이 일어났는지에 대한 정보를 찾을 수가 없고, 따라서 문장의 의미가 불완전합니다.

■_자동사

자동사는 목적어를 취하지 않는 동사를 말하는데, 보어를 취하는지의 여부에 따라 완전자동사와 불완전자동사로 나뉩니다.

완전자동사

'…가 …하다'라는 의미를 갖는 동사로 목적어나 주격·목적격보어와 같은 보충어가 필요 없습니다(1형식 동사로도 불림).

Something happened. 무슨 일이 일어났습니다

My back still hurts. 내 등이 여전히 아픕니다

완전자동사는 뒤에 시간이나 장소를 나타내는 부사어를 선택적으로 취할 수 있으며 이때는 '…가 …에(서) …하다'의 의미를 갖습니다.

They get up at 6 o'clock. 그들은 6시에 일어납니다

Everyone sat on the floor. 모든 사람이 바닥에 앉아 있습니다

부사어 at 6 o'clock은 그들이 일어나는데 언제 일어나는지를 말해 주는 부가적인 요소로 볼 수 있습니다. 마찬가지로 부사어 on the floor는 모두가 앉았는데 어디에 앉았는지를 추가적으로 말해 줍니다.

불완전자동사

'…가 …이다'라는 의미를 갖는 동사로 동사 뒤에 주어의 의미를 보충해 주는 보어가 필요합니다(2형식 동사로도 불림).

Mark is an office worker. 마크는 사무원이다

Lisa looks very happy. 리사는 행복하게 보인다

An office worker는 주어 마크(Mark)가 누구라는 것을 알려 주고, very happy는 주어 리사(Lisa)가 기분이 어떻다는 것을 알려 주는 주격보어입니다.

동사의 특성

동사는 문장의 구조에 대한 정보를 제공합니다. 즉, 동사를 보면 동사 앞, 뒤에 어떤 말이 오는지를 짐작할 수 있습니다.

예를 들어, live(살고 있다)라는 동사를 보면 주어인 '누가'와 부사어인 '어디에'라는 말

이 동반되어야 함을 알 수 있습니다. 그런데 영어에서 주어는 거의 동사 바로 앞에 위치하게 되므로, 아래에서와 같이 '누가'에 해당하는 they는 동사 live 앞에, '어디에'에 해당하는 in Seoul은 자연히 동사 뒤에 위치하여 They live in Seoul의 문장을 구성하게 됩니다.

(누가)	live (살고 있다)	(어디에)
↑		↑
They		in Seoul

→ They live in Seoul. 그는 서울에 살고 있다

drank(마셨다), is(이다), 보냈다(sent)에 대해서도 마찬가지입니다.

(누가)	drank (마셨다)	(무엇을)
↑		↑
She		coffee

→ She drank coffee. 그녀는 커피를 마셨다

(누가)	is (이다)	(무엇)
↑		↑
Sarah		a nurse

→ Sarah is a nurse. 세라는 간호사이다

(누가)	sent (보냈다)	(누구에게)	(무엇을)
↑		↑	↑
Mark		his boss	a message

→ Mark sent his boss a message. 마크는 사장님에게 메시지를 보냈다

drank(마셨다)라는 동사를 보면 '누가', '무엇을', 혹은 '어떤 음료수를'이라는 말이, is(이

다)의 경우는 '누가', '어떤 사람이다', 혹은 '어떻다'라는 말이, 그리고 sent(보냈다)의 경우는 '누가', '누구에게', '무엇을'이라는 말이 동반되어야 하는 것을 알 수 있습니다.

참고로, 영어의 문장과 우리말의 문장을 보면 우리말이 더 친절하다는 것을 알 수 있는데, 그것은 영어의 경우는 주어, 직접목적어, 간접목적어, 보어 등의 문장성분을 동사와의 위치를 보거나 동사의 종류를 보고 파악해야 하는 데 반해(영어는 기본적으로 주어-동사-목적어-부사어 순으로 어순이 고정되어 있음) 우리나라 말은 명사에 주어, 직접목적어 등을 나타내는 조사가 있어 굳이 동사와의 위치나 관련성을 파악할 필요가 없기 때문입니다(우리말은 조사가 있어 비교적 자유로운 어순을 가질 수 있음). 즉, 우리말은 조사가 명사의 문장성분을 말해 주는 것입니다.

우리-는 주격조사 피아노-를 직접목적격조사 옮겼다.

→ 조사를 보고 주어와 목적어를 파악

나-는 주격조사 내 사촌-에게 간접목적격조사 엽서-를 직접목적격조사 보낼 것이다.

→ 조사를 보고 주어, 직접 목적어, 간접 목적어를 파악

만약 우리나라 말에 조사가 없다면 명사의 문장성분을 파악하는 것이 어려운 경우가 많이 있을 수 있습니다.

고양이 개 쫓았다.

→ 고양이가 개를 쫓는 것인지 개가 고양이를 쫓는 것인지가 불분명함

영희 철수 엽서를 보냈습니다.

→ 엽서를 영희가 철수에게 보냈는지 영희에게 철수가 보냈는지가 불분명함

03 형용사

형용사의 정의

형용사는 명사의 색, 크기, 성격 등과 같은 특성을 나타내며 명사 앞에서 명사를 수식하거나 명사 뒤에 있는 be 동사 뒤에서 '주어의 특성이 어떻다'라는 것을 서술해 줍니다.

Nick has a new car. 닉은 새 차를 가지고 있다
Nick's car is new. 닉의 차는 새것이다

닉(Nick)이 가지고 있는 차의 특성이 새것인 것을 형용사 new가 명사의 앞에서, 때로는 뒤에서 알려 주고 있습니다. 마찬가지로 아래의 문장들에서도 밤이 밝지 않고 어둡다는 특성을, 커피가 나쁜 것이 아닌 좋은 것이라는 특성을 형용사 dark와 good이 각각 알려 주고 있습니다.

It was a dark night. 어두운 밤이었다
It was getting dark. 어두워지고 있었다
This is good coffee. 이것은 좋은 커피이다
This coffee tastes good. 이 커피는 좋다

형용사의 특성

명사의 색, 크기, 성격 등을 나타내는 형용사는 그 정도에 차이가 있으므로 등급을 매길 수 있습니다. 즉, 빨간색에는 매우 빨간 색이 있는가 하면 그보다 조금 덜 빨간 색이 있을 수 있으

며 아주 연한 빨간색도 있을 수 있는 것입니다. 이처럼 정도에 있어서 차이가 있기에 정도를 표시해 주는 부사어(정도부사: quite, very, too, fairly, somewhat 등)가 수식을 해 줄 수 있습니다.

Mike's coat is very dirty. 마이크의 외투는 매우 더럽다
He speaks German fairly well. 그는 독일어를 웬만큼 한다

위의 예문에서, 더러움(dirty)의 정도를 very라는 정도부사가 나타내고(즉, 더러움 중 매우 더러움을 나타냄), fairly는 독일어를 하는 정도를 잘하지만 매우 잘하는 것이 아닌 상당한 정도로만 잘한다는 것을 나타내 줍니다. 반면 명사나 동사는 등급을 매길 수 없으므로 정도 표시 부사의 수식을 받을 수 없습니다(very money[매우 돈?], very go[매우 간다?]).

그리고 형용사는 등급에 있어 차이가 있으므로 비교('더', '가장'의 의미)가 가능합니다.

Emma needs a bigger computer. 에마는 더 큰 컴퓨터가 필요하다
This dress is more elegant. 이 드레스가 더 우아하다
The steak is more expensive than the fish. 스테이크가 생선보다 더 비싸다
This question is the most difficult of all. 이 문제가 가장 어렵다

big이라는 형용사가 사용된 컴퓨터들은 크기에 있어 서로 차이가 있을 수 있으므로 두 컴퓨터 중 더 큰 것에 대해서는 비교급 형용사를 사용하여 bigger computer와 같이 표현해 줄 수 있습니다. 마찬가지로 difficult가 사용된 여러 개의 질문 중 가장 어려운 질문에 대해서는 most difficult라는 최상급의 형용사를 사용할 수 있습니다.

참고로 명사, 동사, 형용사는 단어 중에서 가장 핵심적인 것으로 사전에서 대부분의 낱말을 차지하고, 또 서로 간에 품사가 바뀌어 사용될 수 있어 문장을 구성할 때 전천후적 능력을 보여 주는 요소라고 말할 수 있습니다. 예를 들어, supply는 '보급하다'라는 동사로 자주 쓰이나 '보급품'이라는 명사로 사용되는 경우도 많습니다. The school supplied books to the students(학교는 학생들에게 책을 보급하였다)/They sold supplies to the miners(그들은 광부

들에게 보급품을 팔았다). 그런가 하면 store는 '가게'라는 명사로 사용되면서 어떤 경우는 '저장하다'라는 동사로 사용이 됩니다. He went shopping in a store(그는 가게로 쇼핑을 갔다)/The warehouse stores 50 tons of rice(그 창고는 50톤의 쌀을 저장하고 있다). 또한 slow는 보통 '느린'이라는 형용사로 사용되나 '늦추다'라는 동사로 사용되기도 합니다. She was slow in admitting her mistake(그녀는 자기의 실수를 받아들이는 데 느렸다)/She slowed her walk(그녀는 걸음을 늦추었다).

품사 중 가장 배우기 쉬운 단어는 명사입니다. 아이들은 명사를 제일 빨리 습득합니다. 아이들은 보통 12개월 전후에 단어를 말하기 시작해 18개월 무렵이 되면 50개 정도의 단어를 말하는데, 이 중에 명사가 3/4 이상으로 가장 많습니다. 그 이유 중의 하나는 명사가 다른 단어들에 비해 배우기가 더 쉬운 속성을 가지고 있기 때문입니다. 예를 들어, 동사는 동작(fall, 떨어지다)이나 마음의 내적 상태(want, 원하다)와 같이 모양이 다양하고 변하기 쉬운 데 반해 명사는 컵과 같이 딱딱한 물체로 구체적인 모양을 갖고 있기 때문입니다.

EXERCISE —— 3

1__ 다음 문장에서 밑줄 친 단어의 품사는 무엇입니까?

1) She wears a hat.

2) I want to be famous.

3) The movie was really boring.

4) He booked a ticket for Paris.

2__ 다음 문장에서 밑줄 친 명사가 구체적인 모양을 가지고 있어 셀 수 있는 것인지 아니면 일정한 모양을 갖지 않은 물질이어서 셀 수 없는 것인지를 구별하세요.

1) Eve doesn't eat meat.

2) Andrea ate three apples this morning.

3) I like tea without milk.

4) Beth wears a big hat.

3__ 다음의 문장을 해석해 보세요.

1) I prefer tea to coffee. Three teas please.

____

2) We showed David the photos.

____

3) The President appointed him ambassador to Japan.

____

4__ 다음 우리의 글을 영어로 옮겨 보세요.

1) 내 국 속에 머리카락이 하나 있어요!

____

2) 나는 어제 내 차 키를 잃어버렸습니다.

____

3) 나는 빵을 두 덩어리 샀습니다.

____

5__ 밑줄 친 곳 중에서 틀린 곳을 하나 고르세요.

1) Passengers requiring (a) assistance with their baggages (b) can ask the porters who (c) work outside of the airport for help (d).

2) Paul's shoes (a) shop is the best (b) shop for boots, shoes (c) and accessories in (d) the Chicago area.

3) When I return the main office (a) I will hold (b) a conference and explain the details (c) to (d) all of our board members.

4) Mrs. McGuiness is looking for (a) someone to give hers (b) a ride (c) to the conference tonight (d).

04 관사

관사의 정의

관사는 이름 그대로 모자를 의미하는 품사(단어)로, 사전 속에 존재하는 명사를 사람들 사이에 실제 사용되는 현실의 언어 세계로 불러오는 기능을 합니다. 마치 옛날 사람들이 외출할 때 반드시 머리에 모자를 쓰는 것처럼 명사도 실제 사용될 때는 반드시 관사를 필요로 하게 됩니다. 관사에는 부정관사(a/an), 정관사(the), 그리고 보이지 않으나 관사(주로 부정관사)로서의 역할을 수행하는 제로 관사(∅)가 있습니다. 명사 앞에는 주로 형용사와 관사가 오는데, 형용사는 화장품처럼 명사를 꾸미는 데 사용되는 것이라면, 관사는 옛날 사람들이 자신의 신분을 나타내기 위해 쓰던 왕관이나 갓과 같은 것으로, 언급되는 명사가 대화 당사자들에게 어느 정도 인식이 되는 사람 또는 사물인지를 말해 준다고 할 수 있습니다.

관사의 종류

■_부정관사

부정관사(a/an)는 가산명사 앞에 붙어 그 명사가 현실 속 눈앞에 보이는 막연한 어떤 것(하나)임을 나타냅니다. 좀 더 쉽게 말하면, 처음 화제로 올라 대화 당사자들에게 대강은 무엇인지 인식되나 정확히는 어떤 것인지 인식되지 않는 막연한 사람이나 사물이라는 것을 가리킵니다.

There is a book on the desk. 책상 위에 책이 한 권 있습니다

a book은 실제 책이 한 권 책상 위에 있다는 것을 나타내는데 이때의 책은 정확히 어

떤 책인지를 알지 못하는 '아무거나'의 책인 것입니다. 참고로, 부정관사 a는 자음으로 시작되는 말 앞에, an은 모음으로 시작하는 말 앞에 사용합니다(a pencil, a desk, an umbrella, an animal).

■_제로 관사 무관사

제로 관사(ϕ)는 부정관사의 역할을 하지만 형태는 없는 것으로, 불가산명사 앞에 붙어 그 명사가 현실 속 눈앞에 보이는 막연한 어떤 것(또는 얼마간의 양)임을 나타냅니다. 또한 제로 관사는 가산명사의 복수형 앞에 붙어 그 명사가 현실 속 눈앞에 보이는 막연한 어떤 것들(또는 몇 개)임을 나타냅니다. 즉, 부정관사와 같이 당사자들에게 대강은 무엇인지 인식되나 정확히는 어떤 것인지 인식되지 않는 막연한 사람이나 사물이라는 것을 가리킵니다. 사실 제로 관사는 부정관사와 같은 것이지만, 부정관사는 단수 가산명사 앞에서만 사용이 가능하고 복수 가산명사나 불가산명사에 대해서는 사용할 수 없으므로, 복수 가산명사와 불가산명사에 대해 사용하는 것으로 생각할 수 있습니다.

There is Φ bread on the desk. 책상 위에 빵이 얼마간 있습니다
There are Φ books on the desk. 책상 위에 책이 몇 권 있습니다

하지만 실제로는 제로 관사 대신에 some을 많이 사용합니다. 옛날 사람들이 외출할 때 반드시 모자를 쓰는 것처럼 명사도 제로 관사(형태가 없음)라는 쓰나 마나 한 모자 대신 그 대용으로 some을 사용하는 것이라고 여길 수 있겠습니다.

There is some bread on the desk. 책상 위에 빵이 조금 있어요
There are some books on the desk. 책상 위에 책이 몇 권 있어요

some은 첫 번째 예문에서는 불가산명사 앞에서 양을 나타내는 얼마간을 의미하고, 두 번째 예문에서는 가산명사 앞에서 몇 개를 의미합니다.

이를 좀 더 자세히 말하면, 보통 some은 긍정의 평서문에서, any는 의문문이나 부정문에서 많이 사용됩니다.

There's some milk in the fridge. [긍정 평서문]

냉장고에 우유가 조금 있어요

Is there any milk in the fridge? [의문문]

냉장고에 우유가 조금 있어요?

There isn't any orange juice in the fridge. [부정문]

냉장고에 주스가 없어요

■_정관사

정관사(the)는 가산명사(단수, 복수 모두)와 불가산명사를 가리지 않고 모든 명사에 붙어 그 명사가 현실 속 눈앞에 보이는 특정한 것(들)임을 나타냅니다. 다시 말해, 이미 화제에 올라 대화 당사자들이 잘 알고 있는 익숙한 사람 또는 사물을 가리킵니다.

Please, give me the book. 그 책 좀 주세요

Please, give me the books. 그 책들을 좀 주세요

Please, pass me the bread. 그 빵 좀 제게 전달해 주세요

the book은 책이 한 권 책상 위에 있는데, 이때의 책은 서로에게 막연한 책이 아니라 이미 익숙한, 특정한 책(예를 들면, 어제 함께 있을 때 배달된 책)을 말합니다. 즉, 부정관사를 사용했을 때와 같이 아무 책이 아니라, 무슨 책을 말하는지를 서로 잘 인식하고 있는 책이라 할 수 있습니다. the bread의 경우에도 아무 빵이 아닌 어제 함께 있을 때 선물로 받았던 카스텔라와 같은 특정한 빵으로 서로 무슨 빵인지를 잘 인식하고 있는 빵을 말합니다.

Can you open a window?	vs.	Can you open the window?
아무 창문이나 좀 열어 주시겠어요?	vs.	그 창문 좀 열어 주시겠어요?

Can you open a window?에서 a window는 아무 창이나 하나를 나타내나, Can you open the window?에서의 the window는 서로 어떤 창문을 말하는지를 쉽게 알 수 있는 창문(예를 들면, 그들 바로 옆의 첫 번째 창문)을 말합니다.

정관사(the) 자리에 지시형용사(this, that, these, those)나 소유격대명사(my, our, his, her, its, their)가 올 수도 있습니다. 정관사 the, 지시형용사, 소유격대명사 모두 정관사 the처럼 특정한 물건을 가리키는 데 사용되는 말이라는 것을 알 수 있겠습니다.

Do you like this picture?

이 그림 좋아하세요?

Who are those people?

저 사람들은 누구예요?

I am going to wash my car tomorrow?

나는 내 차를 세차하려고 한다

관사의 사용

앞에서 본 것처럼 관사는 명사 앞에서 그 명사가 현실 속 눈앞에 보이는 막연한 어떤(아무) 것이나 서로 잘 알고 있는 특정한 것임을 가리킵니다. 그러나 관사는 눈앞에 보이지는 않아도 현실 속 구체적인 상황에서의 어떤 것이나 특정한 것을 나타낼 수도 있습니다. 관사는 또한 현실 속 구체적인 상황에서 존재하는 것이 아닌 생각 속의 일반적인 개념으로 존재하는 것을 나타낼 수 있습니다.

■_부정관사, 제로 관사는 눈앞에 보이지는 않아도 현실 속 구체적인 상황에서의 어떤 것이면 사용이 됩니다. 정관사도 마찬가지로 눈앞에 보이지는 않지만 현실 속 구체적인 상황에서의 특정한 것(대화에 참여하는 사람들이 정황상 무엇인지 잘 알고 있는 것)**이면 사용됩니다**

부정관사/제로 관사

Is there a hotel near here?

여기서 가까운 곳에 호텔 하나 있어요?

*a hotel: 여러 호텔 중에 가까이 있는 어떤 한 호텔

정관사

We enjoyed our vacation. The hotel was very nice.

이번 휴가는 너무 즐거웠어요. 그 호텔 너무 좋았어요

*the hotel: 우리가 머물렀던 그 호텔

Can I ask you a question?

질문 하나 드려도 될까요?

*a question: 여러 질문 중에 어떤 하나의 질문

Can you repeat the question, please?

그 질문 다시 말씀해 주시겠어요?

*the question: 당신이 방금 한 그 질문

I bought (some) milk.

나는 우유를 조금 샀어요

*milk: 특정하지 않은 우유

The milk is in the fridge.

그 우유가 냉장고에 있어요

*the milk: 내가 산 그 우유

a hotel은 눈에 보이지는 않지만 현실 속 구체적인 상황에서의 어떤 호텔을 나타내며, the hotel은 역시 눈에 보이지는 않지만 현실 속 구체적인 상황에서의 호텔이며 또 서로 알고 있어(이번 휴가에 머물렀던 장소이므로) 따로 무슨 호텔이라고 설명할 필요가 없는 신라 호텔과 같은 특정한 호텔을 나타냅니다.

How far is it to the airport? 그 공항까지 얼마나 걸리죠?

the airport 역시 눈에 보이지는 않지만 대화를 하는 사람들이 무슨 공항인지를 이미 알고 있는 김포 공항과 같은 특정한 공항임을 나타냅니다.

■_부정관사, 제로 관사, 정관사는 구체적인 상황에서 존재하는 것이 아닌, 생각 속에 일반적인 개념으로 존재하는 것을 가리킬 수 있습니다

이때는 눈앞에 있는 특정한 개체를 말하는 것이 아니라 명사가 나타내는 사물이 속하는 종을 가리킵니다. 제로 관사(무관사)가 가장 일반적으로 쓰입니다(제로 관사+복수 보통명사, 제로 관사+불가산명사).

일반적인 것	구체적인 상황에서의 것
Φ Flowers are beautiful. 꽃은 아름답다	I love your garden! The flowers are beautiful. 나는 당신의 정원이 맘에 듭니다. 여기의 꽃들은 아름답습니다
I don't like Φ cold weather. 나는 원래 추운 날씨를 안 좋아해요	The weather isn't very good today. 나는 오늘 이 추운 날씨가 싫어요
Φ Lions are brave animals. 사자는 아주 용감한 동물이다	Look at the lions over there! 저쪽에 있는 사자들을 보세요!

Flowers are beautiful에서 flowers는 구체적인 상황에서의 꽃이 아닌 일반적인 개념으로서의 꽃(개체가 아닌 종으로서의 꽃)을 의미합니다. 반면에 I love your garden! The flowers are beautiful에서의 flowers는 정원에 있는 특정한 꽃을 이미합니다.

부정관사나 정관사도 일반적인 개념으로 존재하는 것을 나타낼 수 있는데 제로 관사에 비해 좀 더 구체성을 띠게 됩니다.

A lion is a brave animal. 사자는 용감한 동물이다

The lion is a brave animal. 사자는 용감한 동물이다

관사의 주의할 용법

■_ 명사는 항상 관사를 대동하지만 관사가 없이 사용되는 경우가 있습니다

이들은 대부분 이미 한 명의 특정한 사람/사물을 나타내거나 구체적인 상황에서의 개체가 아닌 관직이나 신분, 목적, 성격 등의 추상적인 의미로 사용되는 경우입니다.

고유명사

The name of Nelson Mandela is known all over the world.

넬슨 만델라의 이름은 전 세계에서 알려졌습니다

Nelson Mandela는 고유명사로 이 세상에 유일하게 존재하는 사람입니다. 따라서 정관사를 사용해 또다시 특정할 필요가 없습니다.

가족 중의 엄마나 아빠 등 가까운 친지를 가리킬 때

Father is out, and Mother is in. 아버지는 나가셨고 어머니는 안에 계십니다

Father, Mother는 원래 일반명사이나 위의 문장에서는 자기 아빠, 자기 엄마라는 유일한 사람을 가리킵니다. 즉, 이것은 고유명사와 같으므로 굳이 특정인이라는 것을 표시해 주는 정관사가 필요 없습니다.

관직, 신분을 나타내는 말이 보어로 쓰일 때

We elected Tom captain of our tennis club.

우리는 톰을 우리 테니스 클럽의 주장으로 뽑았다

건물, 기구가 본래의 목적이라는 개념으로 사용될 때

What did you learn at school today? 너는 오늘 수업에서 무엇을 배웠니?

I'm tired. I'm going to bed. 피곤해서 자러 갈 거예요

보어의 위치에서 마치 형용사처럼 사용이 될 때

I was child enough to believe that. 나는 너무 어려서 그것을 믿었다

the captain이 아닌 captain이 사용된 것은, 관직이나 신분은 구체적인 상황에서의 특정한 개체가 아닌 일종의 역할을 강조해 말하는 것으로 추상적 의미를 나타내기 때문으로 볼 수 있습니다. school, bed 또한 추상적인 의미, 즉 목적으로(공부하러, 잠자러) 사용된 것으로 정관사가 사용되어 특정한 장소나 기구의 의미로 사용된 다음의 문장들과 비교될 수 있습니다.

The school is a mile from here. 학교는 여기서 1마일이 떨어져 있다

I fall off the bed quite often. 나는 침대에서 자주 떨어진다

I was child enough to believe that에서의 child도 아이가 아닌 '어리다' 라는 의미로 사용되고 있음을 알 수 있습니다.

■_정관사는 보통 눈앞에 보이는 특정한 것이거나 대화에 참여하는 사람들이 정황상 무엇인지를 알 수 있는 것을 가리킵니다만 그렇지 않은 다른 여러 경우에도 사용이 됩니다

최상급의 형용사나 서수 앞에서

Is Texas the largest state in the United States?

– No, it is the second largest state.

텍사스는 미국에서 가장 큰 주입니까? – 아니요, 두 번째로 큰 주입니다

largest state(미국에서 가장 큰 주)나 second largest state(미국에서 두 번째로 큰 주)는 아무 주가 아닌 다른 것들과 구별되는 특정한 주이므로 특정하다는 것을 표시해 주는 정관사를 사용합니다.

세상에서 유일한 것을 나타내는 명사 앞에서

The earth moves round the sun. 지구는 태양의 주위를 돈다

The sky is blue and the sun is shining. 하늘은 파랗고 태양은 빛난다

sun, moon, sky, world 등과 같은 명사는 유일한 개체를 가리키는 고유명사와 같은 것으로 이미 무엇인지가 분명하여 더 이상 특정할 필요가 없으나 세상에 유일한 존재라는 것을 강조하는 의미에서 정관사를 사용합니다.

일부의 공공건물, 산맥, 강, 바다, 신문을 가리키는 명사 앞에서

the White House　　the Alps　　the (River) Tames

the Mediterranean (sea)　　the New York Times

White House, River Tames 등도 유일한 개체의 고유명사로 따로 특정할 필요가 없으나 유일성을 강조하는 의미에서 정관사를 사용합니다. 하지만 산이나 호수는 예외입니다((Mount) Everest, Lake Michigan).

우리말의 관사는 영어처럼 문법에 하나의 체계로 존재하지는 않지만 '어떤', '어느', '아무', '이', '그', '저'와 같은 지시 형용사가 부정 관사와 정관사의 역할을 하고 있다고 볼 수 있습니다.

05 조동사

조동사의 정의

조동사는 동사 앞에 위치하여 동사가 나타내는 사실에 대해 말하는 사람의 통제를 나타내는 의지, 의무, 허가 등의 주관적인 생각이나, 동사가 나타내는 사실에 대해 말하는 사람의 판단을 나타내는 가능성, 필연성, 예측 등의 객관적인 생각을 나타냅니다. 조동사에는 will/would, can/could, may/might, must와 같은 다양한 것들이 있습니다.

조동사의 종류

각각의 조동사에는 현재 시제형과 과거 시제형이 있으며, 동사가 나타내는 사실에 대해 주관적인 생각을 나타내거나 객관적인 생각을 나타낼 수 있습니다.

■_ will/would(현재/과거)

주관적인 생각

I'm tired. I'll go to bed early tonight. [의지]

나는 피곤해서 일찍 자겠어요

I thought I would go to bed early. [과거에서의 의지]

나는 일찍 자야겠다고 생각했다

객관적인 생각

She travels a lot. Today she's in Los Angeles. Tomorrow she'll be in Mexico City. [예측]

그녀는 여행을 많이 한다. 오늘은 로스앤젤레스에 있지만 내일은 멕시코시티에 있을 것이다

He was at home. So, I thought he would answer the phone. [과거에서의 예측]

그는 집에 있었다. 그래서 나는 그가 전화를 받을 거라 생각했다

피곤해서 일찍 자야겠다는 것은 말하는 사람이 그렇게 하겠다는 자신의 주관적인 의지를 나타냅니다. 반면에, 그녀가 여행을 많이 해 여러 군데를 돌아다니므로 '오늘은 로스앤젤레스에 머무르지만 내일은 멕시코시티에 있을 것이다'라고 말하는 것은 '그녀가 당연히 그렇게 할 것이다'라고 하는 말하는 사람의 객관적인 예측을 나타냅니다.

■_can/could(현재/과거)

주관적인 생각

I think I can solve the problem. [(주관적인) 능력]

나는 그 문제를 풀 수 있다고 생각합니다

객관적인 생각

Anybody can make mistakes. [(이론적) 가능성]

누구든지 실수를 할 수 있다

'내가 그 문제를 풀 수 있다'라고 말하는 것은 말하는 사람이 스스로가 그런 능력을 가지고 있다는 주관적인 생각을 나타냅니다. 반면에 '누구나 실수를 할 수 있다'라고 말하는 것은 '이치로 볼 때 모든 사람은 실수를 할 수 있는 가능성이 있다'라고 말하는 사람이 객관적으로 생각하는 것입니다.

■_may/might(현재/과거)

주관적인 생각

You may borrow my car if you like. [허가]

원하시면 제 차를 빌려 쓰셔도 됩니다

객관적인 생각

He may be right. [(상황의 판단에 따른) 가능성]

그가 옳을지도 모른다

'당신이 원하시면 제 차를 빌려 쓰셔도 된다'라고 말하는 것은 말하는 사람이 상대방에게 자기 차의 사용을 허락해 주는 주관적인 결정이나, '그가 옳을지도 모른다'라고 말하는 것은 말하는 사람이 '여러 가지 상황을 판단해 보았을 때 그의 행위가 옳을 수 있다'라고 객관적으로 생각하는 것입니다.

■_must

주관적인 생각

You must be back by 10 o'clock. [의무]

당신은 10시까지 돌아와야만 합니다

객관적인 생각

You worked twelve hours today. You must be tired. [(논리적) 필연성]

오늘 열두 시간이나 일을 하셨으니 피곤하시겠어요

'당신은 10시까지 돌아와야 한다'라고 말하는 것은 말하는 사람이 상대방의 이른 귀가를 의무로 부과하는 주관적인 생각을 말하는 데 반해 '늦게까지 일해 피곤하겠다'라고 말하는 것은 말하는 사람이 상대방이 일을 많이 해서 필연적으로 피곤하리라는 객관적인 생각을 말하는 것입니다.

조동사의 주의할 용법

■_조동사 뒤에는 항상 동사의 원형이 나옵니다 시간은 이미 조동사에 표시되어 있으므로 동사에 다시 시간을 표시할 필요가 없습니다

It was very cold yesterday. I didn't think I would went out. (X)

It was very cold yesterday. I didn't think I would go out. (O)

어제는 너무 추웠습니다. 그래서 밖에 나가지 말아야겠다고 생각했습니다

would went와 같이 과거 조동사와 과거 동사를 함께 사용할 수 없습니다. 그것은 would가 주절과의 '시제 일치'에 의해 과거의 시간을 이미 가지고 있는데 다시 go에 과거 시간을 표시하는 것은 이중으로 과거 시간을 나타내는 것으로 비경제적이기 때문입니다.

■_과거 시제형 조동사는 이름과 달리 현재의 생각을 나타내는 것으로도 사용되는데, 이는 공손한 표현을 하거나 말을 모호하게(불확실하게) **할 때 사용됩니다**

공손한 표현

Would you like some coffee? 커피 좀 드시겠어요?

cf. Do you want some coffee?

Hello, could I speak to Jerry, please? 안녕하세요? 제리와 통화할 수 있을까요?

cf. Hello, can I speak to Jerry, please?

Would you like ...에서 would는 과거 조동사가 아니라 will을 사용했을 때보다 더 공손함을 나타냅니다. Could you speak ...에서의 could도 마찬가지입니다.

모호한 표현

I might play tennis tomorrow. 나는 내일 테니스를 칠 수 있을지도 모르겠어요

cf. I'm playing tennis tomorrow[확실함] 나는 내일 테니스를 칩니다

Of course, I might be wrong. 물론, 내가 틀렸을 수도 있을 것 같아요

I might play …에서의 might은 may가 사용된 것에 비해 더 애매하게 말하는 것이고, I'm playing …의 진행형을 사용한 것에 비해서는 훨씬 더 모호한 표현이 됩니다.

과거는 현재와 한발 거리를 둔 시간이라 할 수 있습니다. 즉, 현재 시간을 나타내는 현재 시제형이 직접적으로 말하는 것이라면 과거 시간을 나타내는 과거 시제형은 간접적으로 에둘러 말하는 표현(모호한 표현)이 될 수 있는 것입니다. 공손함은 친한 관계에서가 아닌 어느 정도 사회적인 거리가 있는 사이에서 발생하므로 과거 시제형을 사용하여 청자와 어느 정도 거리를 두는 것은 또한 공손함을 표현하는 것이 될 수 있습니다. 우리에게는 익숙하지 않지만 일반 동사도 과거형을 사용하여 공손함을 표현할 수 있습니다(I really wanted to take your class[저는 정말 교수님 수업을 듣고 싶습니다]).

06 접속사

접속사의 정의

접속사는 말과 말을 이어 주는 마치 '접착제'와 같은 역할을 합니다. 단어와 단어를, 구와 구를, 절과 절을 이어 주는데, 여기에는 등위접속사와 종속접속사가 있습니다.

접속사의 종류

■_등위접속사

말과 말을 대등하게 나열해 줍니다. '그리고'의 의미를 나타내는 and, '그러나'의 의미를 나타내는 but, 그리고 '또는'의 의미를 나타내는 or가 여기에 속합니다.

단어와 단어

Dave **and** Jack go to New York University.

데이브와 잭은 뉴욕 대학교에 다닌다

구와 구

We stayed at home **and** watched television.

그들은 밖에 나가지 않고 집에서 텔레비전을 보았다

절과 절

I bought a newspaper, **but** I didn't read it.

나는 신문을 한 부 샀으나 읽지 않았다

Dave and Jack에서 고유명사인 두 단어, Dave와 Jack은 접속사 and에 의해 이어져 있습니다. stayed at home and watched television의 경우는 두 동사구 stayed at home과 watched television이 and에 의해 이어져 있으며, I bought a newspaper, but I didn't read it에서는 각각의 절 I bought a newspaper와 I didn't read it이 but에 의해 이어져 있습니다.

■_종속접속사

종속접속사는 두 절을 이어 주는 역할을 하는데, 이때 한 절은 주절이 되고 다른 절은(즉, 종속접속사가 사용된 절) 주절에 대해 종속적인 관계를 나타내는 종속절(문장에서 다른 절의 주어, 목적어, 수식어, 부사어의 역할을 하는 절)이 됩니다. 종속절은 그 기능에 따라 부사절, 형용사절, 명사절로 나뉩니다.

부사절

Joy was very happy **when** she passed the exam.

주절 + 종속절 (시간을 나타내는 부사절)

조이는 시험을 통과했을 때 매우 기뻤다

You will miss the train **if** you don't hurry.

주절 + 종속절 (조건을 나타내는 부사절)

서두르지 않으면 기차를 놓칠 것이다

We opened the window **because** it was very hot.

주절 + 종속절 (이유를 나타내는 부사절)

우리는 너무 더워서 창문을 열었다

첫 번째 예문 Joy was very happy when she passed the exam에서 접속사 when은 Joy was very happy라는 절과 she passed the exam이라는 절을 이어 주는데, when에 의해 이끌리는 뒤의 절은 앞의 절에 대해 시간을 나타내는 부사와 같은 역할을 합니다. 따라서 앞의 절인 Joy was very happy는 주절이 되고, 종속접속사 when이 사용된 when she passed the exam은 종속절이 됩니다. 부사절을 이끄는 종속접속사에는 when, if, because 등이 있습니다.

형용사절

Jim is wearing a hat **which** was too big for him.

주절 + 종속절 (형용사절[관계절])

짐은 자기에게 너무 큰 모자를 쓰고 있다

종속접속사 which에 의해 이끌리는 which was too big for him은 앞 절의 명사 a hat을 수식해 주는 형용사와 같은 역할을 합니다(형용사절은 관계절이라고도 불림). 형용사절을 이끄는 종속접속사에는 who, which, that과 같은 관계대명사와 when, where, why와 같은 관계부사가 있습니다.

명사절

Diane said **that** she was enjoying her new job.

주절 + 종속절(명사절)

다이앤은 새 직장에서 즐거운 생활을 하고 있다고 말했다

that she was enjoying her new job은 명사처럼 사용되어 앞 절의 동사 said의 목적어 역할을 하고 있습니다. 명사절을 이끄는 종속접속사에는 that, whether 등이 있습니다. 명사절은 문장 내에서 주어와 보어의 역할도 합니다.

주의해야 할 접속사의 용법

■_등위접속사는 같은 성격의 말을 이어 줍니다

명사(구)는 명사(구)와, 형용사(구)는 형용사(구)와, 동사(구)는 동사(구)와, 전치사(구)는 전치사(구)와 연결해 줍니다. 이때 명사와 명사를 중심으로 한 명사구, 동사와 동사를 중심으

로 한 동사구는 개별 단어와 구의 결합이지만 각각 명사, 동사라는 성격을 기본적으로 가지고 있으므로 함께 나열할 수 있습니다(예: 명사+명사, 명사+명사구, 명사구+명사구 모두 가능).

The store sells vegetables, canned food, and fish. (O)
명사 명사구 명사

그 가게는 채소와 통조림 음식과 생선을 판다

The store sells vegetables, canned food, and crowded. (X)
명사 명사구 형용사

그 가게는 채소와 통조림 음식을 팔고 붐빈다

I got home, had something to eat, sat down to watch TV, and fell asleep. (O)
동사구 동사구 동사구 동사구

나는 집에 와 뭘 좀 먹고 앉아 TV를 보고 잠이 들었다

I got home, had something to eat, sat down to watch TV, and falling asleep. (X)
동사구 동사구 동사구 동명사구

나는 집에 와 뭘 좀 먹고 앉아 TV를 보고 잠드는 것

명사 vegetables, 명사구 canned food, 명사 fish는 모두 같은 명사의 성격을 공유하므로 and라는 접속사에 의해 연결되어 나열될 수 있지만, 명사 fish를 대신한 형용사 crowded는 앞의 두 명사의 성격을 가진 vegetables, canned food와는 다른 성격(형용사)을 가지고 있으므로 함께 나열될 수 없습니다. 마찬가지로 had something to eat, sat down to watch TV, fell asleep은 모두 동사구로서 서로 연결되어 나열될 수 있지만 fell asleep 대신 명사적 성격을 갖는 동명사 falling asleep은 앞의 두 동사구 had something to eat, sat down to watch TV와는 함께 나열될 수 없습니다.

■_**떨어져 있는 두 단어(구, 절)가 함께 하나의 접속사로 사용됩니다** 상관 접속사

I can speak **both** English **and** French.

(both A and B[A와 B 둘 다])

나는 영어와 불어를 둘 다 말할 수 있다

It is **not only** economical **but** (also) good for the health.

(not only A but (also) B[A뿐만 아니라 B도])

그것은 돈도 많이 들지 않고 건강에도 좋다

She was **so** tired **that** she couldn't do her homework.

주절 + 종속절 (결과를 나타내는 부사절)

(so A that B[매우 A해서 B하다, B할 정도로 매우 A하다])

그녀는 몹시 피곤해서 숙제를 할 수 없었다

첫 번째 예문에서, English와 French 두 단어가 두 개의 단어로 이루어진 상관 접속사에 의해(both ... and ...) 연결되어 있음을 알 수 있습니다. 다음 예문들에서는 economical과 good이, she was tired와 she couldn't do her homework가 각각 not only ... but also ...와 so ... that ...이라는 상관 접속사에 의해 연결되어 있습니다.

■_**접속사는 아니지만 의미적으로는 두 문장을 이어 주는 부사가 있습니다**

어떤 부사들은 두 문장을 의미적으로 매끄럽게 연결해 주는데, 실제로 두 문장은 서로 독립되어 있습니다. 이러한 부사는 이행어(transitional words)라 불립니다.

She is very efficient. **Consequently**, she will be promoted.

그녀는 매우 유능하다. 결과적으로 그녀는 진급을 할 것이다

He would have been a good manager. **However**, he didn't work hard.

그는 좋은 매니저가 될 수 있었다. 그러나 그는 열심히 일을 하지 않았다

Our sales have increased recently. **Thus**, we are optimistic about the future growth. 우리의 매상이 최근 증가해 왔다. 따라서 우리는 미래의 성장에 대해 낙관적이다

첫 번째 예문에서 She is very efficient와 She will be promoted는 이행어 consequently에 의해 의미적으로 매끄럽게 연결되어 있지만(앞뒤의 절을 '결과적으로'라는 의미로 연결해 줌) 각각은 마침표가 사용되어 서로 독립적임을 알 수 있습니다. 다음의 예문들에서도 however, thus가 이행어로 사용되었습니다.

EXERCISE — 4

1__ 어떤 것이 맞는지 표시해 보세요.

1) I am going to buy flowers/some flowers.

2) Where's Tom? He is in a kitchen/the kitchen.

3) These days a lot of people use computers/the computers.

4) Put this bread in the back yard. The birds will/must eat it.

5) My brother has worked at your company for years. You will/must know him.

6) They didn't go for a drive and/because they didn't have time.

7) He was very/so exhausted that he could not speak.

2__ 다음의 문장을 해석해 보세요.

1) Mary lives in an apartment near the college where she is studying. The apartment is small, but she likes it.

____

2) Take the umbrella with you. It might rain.

____

3) It began to rain while I was waiting for the bus.

____

3__ 다음 우리의 글을 영어로 옮겨 보세요.

1) 나갈 때 전등 끄고 문 닫으세요.

Turn off ______________ and close ______________ when you go out.

2) 나는 어제 저녁 너무 피곤해서 잠을 잘 수 없었습니다.

I was tired last night. I ______________ sleep.

3) 에이미(Amy)는 교통이 너무 혼잡해 늦었습니다.

Amy was late ______________ there was a lot of traffic.

4__ 보기 중에서 빈칸 안에 들어갈 알맞은 말이나 틀린 곳을 하나 고르세요.

1) Designing the new library was most challenging project he had ever worked on.

(a) Designing (b) most challenging (c) ever (d) on

2) Due to repeated failure to comply with our return policy, we cannot _________ laptops to new employees.

(a) to lend (b) lent (c) lend (d) lending

3) Would you like to have your coffee with dessert and after dessert?

(a) like to have (b) with (c) and (d) after

4) After long and difficulty discussions, we decided that selling the house was the most logical answer.

(a) long (b) difficulty (c) we decided that (d) the most logical

07 부사

부사의 정의

부사는 주로 동사나 형용사를 수식해 주는 말을 가리키는데, 실제로는 동사, 형용사뿐만 아니라 다른 부사, 그리고 문장도 수식해 줍니다.

부사의 종류

부사는 동사, 형용사, 다른 부사와 같은 다른 단어를 수식해 주는 부사와, 문장을 수식해 주는 부사로 크게 나눌 수 있습니다.

■_어떤 부사들은 동사를 수식하여 동사가 나타내는 행위가 '언제, 어디에(서), 어떻게, 얼마나 자주' 일어나는지에 대한 정보를 제공합니다(tomorrow, here, very, always, quickly, carefully 등)

I'll see you tomorrow. [언제]

내일 뵙겠습니다

Don't make a noise here. [어디서]

여기서 시끄럽게 하지 마세요

He ate his lunch very quickly. [어떻게]

그는 점심을 매우 빨리 먹었다

We always go to the movies on weekends. [얼마나 자주]

우리는 주말에 항상 영화를 보러 간다

첫 번째 예문에서 부사 tomorrow는 '동사가 나타내는 보는 행위가 내일 일어난다'는 것을 말해 줍니다. 두 번째 예문에서 부사 here는 '소음이 만들어지는 장소가 여기이다'라는 것을 나타내고, 세 번째 예문에서 부사 quickly는 '점심을 먹은 행위가 빨리 이루어졌음'을 나타내며, 마지막 예문에서 부사 alway는 '영화 보러 가는 행위가 자주 일어나고 있음'을 말해 줍니다.

■_**어떤 부사들은 형용사를 수식하여 형용사가 나타내는 성질에 대한 정도를 나타냅니다**(terribly, incredibly, extremely, reasonably 등)

Oh, I'm terribly sorry. I didn't mean to push you.

오, 정말 미안합니다. 밀려고 했던 게 아니었어요

It was an extremely fine day in May. 그날은 무척 맑은 5월의 어느 날이었다

terribly는 형용사 sorry를 수식해 주며, extremely는 형용사 fine을 수식해 줍니다.

■_**어떤 부사들은 다른 부사를 수식하여 동사가 나타내는 행위가 어떻게 일어나는지에 대해 더욱 자세히 나타내 줍니다**(very, really, too 등)

She can run very quickly. 그녀는 매우 빨리 달릴 수 있다

부사 very는 다른 부사 quickly를 수식하여 quickly가 나타내는 의미를 더욱 자세히 나타내 줍니다(빨라도 매우 빠름).

■_**또 다른 부사들은 문장이 말하고 있는 사실에 대해 자기의 생각이나 의견을 나타냅니다**

Luckily, John didn't hurt himself when he fell off his motorbike.

운 좋게도 존은 오토바이에서 떨어지고도 다치지 않았다

She'll probably be back tomorrow. 아마도 그녀는 내일 돌아올 것이다

부사 luckily는 문장이 나타내는 존(John)이 오토바이에서 떨어지고도 다치지 않았다는 사실에 대해 다행이라는 자기의 생각을 나타냅니다. probably는 그녀가 내일 돌아올 것이라는 미래의 사실에 대해 '아마도 그럴 것이다'라는 자기의 추측을 나타낸 것입니다.

부사의 위치

보통 문장에서 부사는 자기가 수식하는 말의 가까이에 위치하나 그렇지 않은 경우도 있습니다.

■_부사는 수식하는 말의 앞이나 뒤에 가까이 두는 것이 원칙입니다

Our team played **badly**. [동사의 바로 뒤에 위치함]

우리 팀은 형편없이 경기를 했다

That movie was **quite** interesting. [형용사의 바로 앞에 위치함]

그 영화는 정말 괜찮다

부사 badly와 quite은 각각 자기들이 수식하는 동사 played와 형용사 interesting의 바로 뒤와 앞에 가까이 위치하고 있습니다.

■_빈도를 나타내는 부사는 주로 일반 동사의 앞에, be 동사나 have 동사의 뒤에 위치합니다

I **often** go to the movies. [일반 동사 앞에]

나는 종종 극장에 간다

She is **sometimes** late for school. [be 동사 뒤에]

그녀는 때때로 학교에 늦는다

He has **always** been busy. [have 동사 뒤에]

그는 언제나 바쁘다

often, sometimes, always 등은 빈도부사라고 하는데, 이들은 위의 예문들에서처럼 일반 동사 앞에(often go), 그리고 be 동사나 have 동사 뒤에(is sometimes, has always) 위치합니다.

주의해야 할 부사의 용법

■_부사는 대개 형용사에 -ly를 붙여 만들고 형용사의 의미에 '-하게'라는 것이 덧붙여진 의미를 갖게 됩니다

형용사

Sue is very quiet.

그녀는 매우 조용하다

* quiet = 조용하다

I felt nervous.

나는 초조했다

* nervous = 초조하다

부사

Sue speaks very quietly.

그녀는 매우 조용히 말한다

* quietly = 조용히

I waited nervously.

나는 초조하게 기다렸다

* nervously = 초조하게

형용사 quiet에 -ly를 붙여 부사 quietly로 만들고, 형용사 nervous에 -ly를 붙여 부사 nervously를 만듭니다. 하지만 -ly가 붙은 후에는 붙기 전의 형용사와 다른 의미를 갖는 부사가 되는 경우가 있습니다.

형용사

He's a hard worker.

그는 노력가이다

* hard = 열심인

부사

He could hardly understand what he said.

나는 그가 말한 것을 거의 이해할 수 없었다

* hardly = 거의 …하지 않다

'열심인/부지런한'을 의미하는 형용사 hard에 -ly를 붙이면 의미가 전혀 다른 부사가 됩니다(hardly = 거의 …하지 않다). 이 경우 의미를 그대로 유지한 채 부사를 만들려면 형용사의 형태를 그대로 사용하면 됩니다(He worked hard[그는 열심히 일했습니다], hard = 열심히).

'늦은'을 의미하는 형용사 late도 마찬가지입니다. 즉, 아래에서처럼 late에 -ly를 붙이면 '최근에'라는 의미를 갖는 전혀 다른 부사 lately가 됩니다. 이 경우에도 형용사의 의미를 그대로 유지한 채 부사를 만들려면 형용사의 형태를 그대로 사용하면 됩니다(I went to bed late[나는 늦게 잠자리에 들었다], late = 늦게).

형용사

The bus was late.

버스는 늦었다

* late = 늦은

부사

I've been very busy lately.

나는 최근에 매우 바빴다

* lately = 최근에

■_어떤 부사들은 같은 의미를 가지고 있으나 모습과 역할이 다른 경우가 있습니다

very/much

둘 다 정도를 나타내는 '매우, 아주'라는 의미를 가지나 very는 보통의 형용사나 부사를 수식하고, much는 비교급이나 최상급의 형태를 갖는 형용사나 부사를 수식합니다. 이때는 '훨씬'으로 해석해 주면 좋습니다.

Meg can play the piano very well. [very가 well을 수식]

메그는 피아노를 아주 잘 칠 수 있다

Meg can play the piano much better than I. [much가 비교급 형용사 better를 수식]

메그는 나보다도 훨씬 피아노를 잘 칠 수 있다

very와 much는 같은 의미를 가지고 있으나, very는 보통의 부사 well을 수식해 준 반면 much는 비교급 부사 better를 수식해 줍니다.

already/yet

둘 다 '벌써, 이미'라는 뜻을 가지나 already는 주로 긍정 평서문에서, yet은 의문문에서 사용됩니다. 하지만 yet이 부정문에서 사용이 되면 '아직'으로 해석해 줍니다.

I have already finished my breakfast. [긍정 평서문]

나는 이미(벌써) 아침 식사를 끝냈다

Have you read today's newspaper yet? - No, not yet. [의문문, 부정문]

오늘 신문 벌써(이미) 읽으셨습니까? - 아니요, 아직 안 읽었어요

부사 already는 긍정 평서문에서 '이미, 벌써'라는 의미로 사용이 되고 부사 yet은 의문문에서 '이미, 벌써'라는 의미로 사용이 됩니다. 그러나 yet은 부정문에서 '아직'이라는 의미로 달리 사용이 됩니다.

also/too/either

also, too, either는 모두 '또한, 역시'라는 의미를 가지나 also는 be 동사 뒤나 일반 동사 앞에, too는 긍정문의 끝에, either는 부정문의 끝에 위치합니다.

Her parents were also invited to the banquet.

그녀의 양친도 연회에 초대받았다

Her parents were invited to the banquet, too.

그녀의 양친도 연회에 초대받았다

I am not tired, and Ben isn't tired, either. [부정문]

나도 피곤하지 않은데 벤도 또한 피곤하지 않다

08 전치사

전치사의 정의

전치사는 명사와 명사 사이에 또는 동사(목적어 포함)와 명사 사이에 위치하여 이들 양자 사이의 다양한 관계를 나타내 줍니다. 전치사는 이름이 의미하는 것처럼 항상 다른 것(명사나 대명사) 앞에 위치합니다.

전치사의 종류

전치사는 주로 위치나 시간 관계를 나타내 줍니다만 기타 수단, 도구, 재료 등 다양한 관계를 나타내 주기도 합니다.

■_어떤 전치사들은 위치 관계를 나타내 줍니다

많은 전치사들은 다양한 위치 관계를 나타내 줍니다.

I'll meet you at the bus stop. 나는 당신을 버스 정류장에서 만나겠습니다

전치사 at은 동사(meet you)와 명사(the bus stop) 사이에서, 두 사항이 '…에서'라는 위치적인 관계가 있음을 나타내 줍니다. 다시 말해, 당신과의 만남이 버스 정류소에서 이루어질 것임을 표현해 줍니다.

My brother lives in Mexico. 내 동생은 멕시코에 산다

전치사 in은 동사(live)와 명사(Mexico) 사이의 위치적인 관계(…에)를 나타내어, 동생의 생활이 멕시코에서 이루어지고 있음을 나타냅니다.

The office is on the first floor. 사무실은 1층에 있다

전치사 on은 명사(the office)와 명사(the first floor) 사이의 위치적인 관계(…에)를 표시하여 사무실이 1층에 있음을 나타냅니다.

The bird inside the cage is singing. 새장 안에 있는 새가 울고 있다

전치사 inside는 명사(the bird)와 명사(the cage) 사이에서 이 두 사항이 '안에'라는 위치적인 관계가 있음을 표시하여, 새가 새장 안에 있음을 나타냅니다.

Tom is under the car. 톰은 차 아래에 있다

The bus is going to the airport. 버스는 공항으로 가고 있다

under는 '… 아래'의 위치 관계를, to는 '…(으)로'의 위치 관계를 가리킵니다. 따라서 톰(Tom)이 차 아래에 있다는 것과 버스가 가는 것이 공항 방향임을 나타냅니다.

참고로 전치사 at, in, on은 모두 장소(…에[서])를 의미하지만 이들 사이에는 조금씩의 차이점이 있습니다.

at, in, on 사이의 차이점

위치와 관련해 at은 비교적 좁은 장소를 나타내는 데 반해, in은 비교적 넓은 장소(도시, 국가)를 나타냅니다.

He works as a guide at Huwon in Seoul. 그는 서울의 후원에서 가이드로 일하고 있다

서울이 후원(창덕궁)에 비교해 더 크므로 서울에는 in을, 후원에는 at을 사용하는 것이 적절합니다. 같은 맥락에서 사는 곳을 말할 때는 집(아파트) 주소는 at을, 거리 이름은 on을, 도시나 국가 이름에는 in을 쓰는 것이 좋습니다(I live at 65 Shirley Road, on Fifth Avenue, in York).

그리고 같은 장소라도 '…의 안'이라는 공간의 개념이 더 강조되면 at보다 in이 더 선호되어 사용됩니다.

There are 400 seats in the cinema. 그 극장 안에는 400개의 좌석이 있다

I was at the cinema. 나는 그 극장에 있었다

같은 극장이라는 장소를 가리키지만 처음 예문의 장소에 더 공간적인 개념이 필요하므로 전치사 in을 사용해 줍니다.

on은 어떤 물체가 장소의 표면과 접촉되어 있다는 것을 가리킵니다.

Nick's dog is on the rug. 닉의 개는 양탄자 위에 있다

여기에서는 개가 양탄자 위에 접촉한 채 있으므로 전치사 on이 가장 적합하다고 할 수 있습니다.

■_어떤 전치사들은 시간 관계를 나타내 줍니다

어떤 전치사들은 시간 관계를 나타내 주는데 많은 경우는 장소를 나타내는 전치사와 겹칩니다. 대체로 at은 시간이나 식사 시간, on은 날짜나 요일 그리고 in은 연, 월, 또는 계절을 나타내는 데 사용됩니다.

The banks close at 5:00. 은행은 5시에 문을 닫는다

See you on Monday. 월요일에 만나자

The concert is on November 25th. 공연은 11월 25일에 있다

I'm taking a trip in October. 나는 10월에 여행을 갑니다

The park is beautiful in the fall. 공원은 가을에 아름답다

Emma was born in 1984. 에마는 1984년에 태어났다

하루의 일부분을 나타낼 때에는 in을 사용합니다. 그러나 요일이 앞에 있는 경우에는 on을 사용합니다.

Do you often go out in the evening? 저녁에 자주 외출하세요?

It happened on Friday night. 그 일은 금요일 밤에 일어났다

저녁은 하루의 일부분이므로 전치사 in을 사용하지만(in the evening), on Friday night처럼 하루의 일부분(night)을 나타내는 말 앞에 요일(Friday)이 있으면 전치사 on을 사용합니다.

■_또 다른 전치사들은 수단, 도구, 재료, 기간과 같은 기타 여러 관계를 나타내 줍니다

Do you like traveling by train? [수단]

기차로 여행하는 것을 좋아하세요?

I cut the paper with a pair of scissors. [도구]

나는 가위로 종이를 잘랐다

a dress of silk [재료]

비단으로 만든 드레스

I've lived in Japan for five years. [기간]

나는 일본에서 5년을 살았다

by train에서 전치사 by는 기차가 여행에 대한 수단이 된다는 것을, with a pair of scissors에서 전치사 with는 가위가 종이를 자르는 데에 도구가 된다는 것을, of silk에서 전치사 of는 비단이 드레스의 재료가 된다는 것을 나타냅니다. 그리고 for five years에서 전치사 for는 5년이 일본에서 산 기간임을 나타내 줍니다.

주의해야 할 전치사의 용법

■_시간을 나타내는 전치사는 뒤에 지시어(this, that, last, next)**나 양을 나타내는 단어**(some, every, all, one)**를 동반한 말이 나오면 생략될 수 있습니다**

I saw him last Thursday. 나는 지난주에 그를 보았다

I'll mention it next time I see him. 다음에 그를 만날 때 그것에 대해 말할게

This year, plums are more plentiful than in any year I can remember.

올해는 내가 기억하는 어떤 해보다도 자두가 더 많이 열렸다

Every summer she returns to her childhood home.

매년 여름마다 그녀는 어린 시절의 집으로 돌아간다

보통 Thursday 앞에는 on이라는 전치사가 나와야 하는 것이나(I saw him on Thursday), Thursday 앞에 지시어인 last가 있게 되면(on last Thursday처럼), 전치사가 생략된 last Thursday가 사용됩니다. 마찬가지로, time, year, summer 앞에는 next, this, every와 같은 단어로 인해 at, on, in과 같은 전치사가 생략됩니다.

■_기간(…하는 동안에)**을 나타내는 전치사에서 for는 다음에 구체적인 수치를 나타내는 말이, during은 특정한 기간을 나타내는 말이 필요합니다**

My cousin will stay with us for six days.

나의 사촌은 6일 동안 나와 함께 있을 것이다

I will stay in Hawaii during the summer vacation.

여름 방학 동안에 나는 하와이에 머무를 것입니다

전치사 for는 뒤에 구체적인 수치로 명시된 말이(six days) 필요하나, 전치사 during은 방학과 같이 특정한 기간을 나타내는 말이 필요합니다.

09 대명사

대명사의 정의

대화나 문장에서 이미 언급된 사람(사물)이나, 언급은 안 되었지만 상황상 누구인지가 분명한 경우에는 그 사람(사물)의 이름을 다시 반복해 사용하면 어색하게 느껴집니다. 이 경우에는 대명사를 사용하게 됩니다. 대명사란 명사 대신에 사용하는 말입니다. 대명사에는 사람을 가리키는 대명사, 사물을 가리키는 대명사, 가깝거나 멀리 있는 것을 지시하는 대명사, 불특정한 사물이나 사람을 지시하는 대명사가 있는데, 문장에서 어떤 역할을 하느냐에 따라(즉, 주어의 역할을 하는지, 목적어의 역할을 하는지 등) 그 형태가 달라지는 경우가 많습니다.

우리말의 경우에는 대명사를 잘 사용하지 않습니다. 즉, 명사가 대명사로 되지 않고 생략이 되는 경향이 강합니다. '지연이는 편의점에 갔니? - 예, 갔어요'와 같은 대화에서처럼 '갔어요'의 주어로 '그녀는'이라는 대명사를 쓰지 않고 그냥 명사를 생략합니다.

대명사의 종류

■_사람을 가리키는 대명사

말하는 사람이 자신을 일컬어 말할 때는 I(내가)/my(나의)/me(나를, 나에게), we(우리가)/our(우리의)/us(우리를, 우리에게)를 사용하고, 대화 상대방에 대해서는 you(네가, 너희가)/your(너의, 너희들의)/you(너를, 너에게, 너희들을, 너희들에게)를 사용합니다. 그리고 나와 상대방을 제외한 제삼자에 대해서는(보통 3인칭이라고 불림) he(그가)/his(그의)/him(그를, 그에게), she(그녀가)/her(그녀의)/her(그녀를, 그녀에게), they(그들이)/their(그들의)/them(그들을, 그들에게)을 사용합니다. 보통 1인칭, 2인칭, 3인칭 대명사라 칭합니다.

When I first met Jenny, she had short hair.

내가 처음 제니를 만났을 때, 그녀는 짧은 머리를 하고 있었다

Sue and Kevin are going to the movies. Do you want to go with them?

수와 케빈은 극장에 갑니다. 당신도 그들과 함께 가겠습니까?

I don't know the woman in the black coat. Do you know her?

나는 검은 코트를 입은 여자를 알지 못합니다. 당신은 그녀를 아세요?

첫 번째 예문의 she had short hair에서 주어로 사용되는 대명사 she(그녀가)는 앞서 나온 Jenny라는 이름 대신에 사용한 것이며, 두 번째 예문의 Do you want to go with them?에서 목적어로 사용되는 them(그들을)은 앞의 Sue와 Kevin을 대신해 사용한 것입니다. 그리고 세 번째 문장의 Do you know her?에서 목적어 her(그녀를)는 앞의 the woman 대신 사용된 대명사입니다.

■_사물을 가리키는 대명사

이미 언급된 사물을 가리킬 때 사용합니다. 하나인 단수에 대해서는 it(그것이)/its(그것의)/it(그것을, 그것에게)을, 여러 개의 복수에 대해서는 they(그것들이)/their(그것들의)/them(그것들을, 그것들에게)을 사용합니다.

I need that book. Please give it to me.

나는 저 책이 필요합니다. 그것을 저에게 주십시오

Robert needs these books. Can you give them to him, please?

로버트는 이 책들이 필요합니다. 그것들을 그에게 주시겠어요?

대명사 it(그것을)은 앞의 단수 명사 that book 대신에 쓰였고, them(그것들을)은 앞의 복수 명사 these books 대신 사용된 말입니다.

■_지시대명사

가까이 있거나 멀리 있는 사물(사람)을 이름을 사용하지 않고 가리키는 데 사용합니다. 단수의 명사에 대해서는 this, that이, 복수의 명사에 대해서는 these, those가 여기에 속합니다.

This is more expensive than that.

이것은 저것보다 더 비싸다

Which shoes do you like better – these or those?

어느 신발이 더 마음에 듭니까? 이것입니까, 저것입니까?

지시대명사 this, that은 문장에서 무엇이라고 말해진 것은 아니지만 말이 이루어지는 상황에서는 어떤 것인지가 분명하므로 이를 대신해 사용한 것입니다.

■_부정대명사

특정하지 않은 사람이나 사물을 가리킬 때 사용합니다. 여기에는 one, someone, something, everyone, anyone, everything, anything 등이 있습니다. 부정대명사에서 '부정(不定)'이라는 말은 특정하지 않은 것을 말합니다.

Please, lend me a suitcase if you have one.

혹시 있으시면 가방 아무거나 하나 빌려주세요

I'm hungry. I want something to eat.

저는 배가 고파요. 아무거나 먹을 것 좀 주세요

부정대명사 one은 특정하지 않은 아무 가방 하나를 가리키고, something 또한 아무거나 먹을 것을 말합니다.

주의해야 할 대명사의 용법

■_대명사는 문장 내의 위치에 따라 형태가 변합니다. 주어의 위치에 있을 때와 목적어의 위치에 있을 때, 또 다른 명사 앞에서 그 명사에 대한 소유자의 역할을 할 때의 모양이 모두 다릅니다

주어의 위치	목적어의 위치	소유어의 위치
I know Lynn.	Lynn knows me.	I like my job.
We know Lynn.	Lynn knows us.	We like our jobs.
You know Lynn.	Lynn know you.	You like your job.
He knows Lynn.	Lynn knows him.	He likes his job.
She knows Lynn.	Lynn knows her.	She likes her job.
They know Lynn.	Lynn knows them.	They like their job.

간접목적어(…에게)의 위치도 있으나 이것은 (직접)목적어의 위치에 있는 대명사와 형태가 같습니다(Lynn gave me a book/Lynn gave him a book/Lynn gave her a book/Lynn gave them a book).

■_대명사가 구체적으로 누구(무엇)를 지시하느냐 하는 것은 문장 내에서(주로 앞의 내용에서) 또는 문장이 말해지는 상황에서 파악하여야 합니다

Mary is talking to John. I like her. *her = Mary

메리는 존에게 말을 하고 있습니다. 나는 그녀를 좋아합니다

대명사는 가리키는 대상의 의미를 스스로 갖고 있는 것이 아니라 문맥에 따라 의미가 정해지므로 때로는 대명사가 지칭하는 바를 정확히 알아내는 것이 어려울 때가 있습니다. 다시 말해, 사물을 직접 지칭하는 것이 아니라 대명사를 사용해 간접적으로 지칭하는 것이므로 지칭하는 바가 무엇인지 정확히 알아내기가 쉽지 않은 것입니다. 다행스럽게도 위의 문장에서 대명사 her는 여성을 나타내는 대명사이므로 앞에 언급된 두 명사 Mary와 John 중

어떤 사람을 가리키는지가 비교적 분명합니다.

■_특별한 지시물이 없는 대명사가 있습니다. it은 보통 사물을 가리키지만 때로는 가리키는 실체가 불분명한 경우가 있습니다

Do you like this shirt? – Yes, I like it. *it = shirt

이 셔츠가 마음에 드십니까? – 예, 그것이 마음에 듭니다

It's dark. What time is it? [시간]

어둡습니다. 몇 시입니까?

How far is it from here to the town? [거리]

여기에서 도심까지는 얼마나 먼 거리입니까?

How is it today? – It's nice and warm. [날씨]

오늘 날씨는 어떻습니까? – 좋고 따뜻합니다

첫 번째 예문에서 대명사 it은 셔츠를 가리킵니다만 다음 예문부터의 대명사 it은 가리키는 바가 불분명한 채 사용됩니다. 대부분은 시간, 거리, 날씨를 말할 때 그렇습니다.

구별이 필요한 대명사

■_it과 one

it과 one은 모두 대명사로 이전 문장에 등장하는 명사를 대신하여 사용되고 의미도 거의 비슷하여 구별하기 어렵지만 실제로는 사용법이 서로 다릅니다.

Did you buy the bag?

– No, my friend bought it for me.

그 가방 샀습니까? – 아니요, 그 가방은 제 친구가 저에게 사 준 것입니다

Did you watch a movie during the weekend?

– Yes, I watched one on Saturday.

주말에 영화 보셨어요? – 네, 아무 영화나 한 편 보았습니다

위의 예들에서 보이는 것과 같이, 대명사 it은 특정한 것을 지칭하고 대명사 one은 특정하지 않은 것을 지칭합니다. 즉, 대명사 it은 the bag(그 가방)을 가리키는 반면, 대명사 one은 a movie(아무 영화나 한 편)를 가리킵니다. 따라서 두 대명사는 앞에 나온 명사가 어떤 정보인지를 구별하여 사용하여야 합니다.

■_some과 any

흔히 any는 의문문과 부정문에, some은 긍정문에 사용한다고 알려져 있습니다만 반드시 그렇지는 않습니다. 긍정의 답변을 기대하는 경우라면 의문문에 some을 사용할 수 있습니다.

Is there any of that strawberry cake left? 딸기 케이크 좀 남았어? vs. Is there some of that strawberry cake left? 딸기 케이크 남은 거 좀 있지?

앞의 문장이 '딸기 케이크 좀 남았어?(다 먹은 거 아니야?)'라는 의미라면, 뒤의 문장은 '딸기 케이크 남은 거 좀 있지?'라는 의미로 케이크가 조금 남아 있을 것을 확신하며 이야기를 하는 경우입니다.

■_There is an apple on the table vs. The apple is on the table

'…이 있다'라는 존재의 의미를 표현할 때, 영어에서는 'There is+주어+장소' 구문이나 '주어+be 동사+장소' 구문을 사용합니다. 하지만 둘은 서로 구별되는데, 전자는 주어가 '새로운 정보'일 경우에 사용하는 반면 후자는 주어가 '오래된 정보'일 경우에 사용합니다. 즉, 'There is+주어 …' 구문은 대화에서 주제가 되는 주어가 처음 소개되는 경우에 사용되고, '주어+be 동사 …' 구문은 상황상 이미 알고 있거나 대화에서 소개된 주제에 관해 이야기할 경우에 사용됩니다.

There is the apple on the table. (?) 그 사과가 테이블 위에 있다

An apple is on the table. (?) 사과 하나가 테이블 위에 있다

첫 문장은 새 정보의 주어가 필요한 구문인데 실제 사용된 주어는 the apple(그 사과)로 구정보를 갖는 주어가 사용되었으므로 문장이 어색하게 들립니다. 아래 문장에서는 구정보의 주어가 사용되어야 하는데 실제 사용된 주어는 an apple(어떤 사과 하나)로 새 정보를 갖는 주어가 사용되어 역시 어색한 문장이 됩니다. 두 문장 모두 문법적으로 틀린 것은 아니지만 영어에서는 문장의 앞부분에는 오래된 정보(구정보)를, 뒷부분에는 새로운 정보(새 정보)를 위치시키는 것이 자연스럽기 때문에 바람직한 사용은 아니라 할 수 있습니다.

기타의 품사

지금까지 살펴본 것 외에도 더 많은 품사가 있으나 이 중 중요한 것에는 양화사와 부정사(negation)가 있습니다.

- 양화사: 양을 나타내는 여러 표현 방법을 말합니다(every, some, several, many).
- 부정사(negation): 부정문을 만드는 것으로 영어에서는 부사의 일종으로 취급되는 not이 있습니다. 격식을 따지지 않은 상황에서는 대개 동사와 축약(is+not = isn't)되어 사용됩니다.

Is**n't** it hot today? [is+not = isn']

오늘 덥지 않아요?

He did**n't** visit us yesterday. [did+not = didn't]

그는 어제 우리를 방문하지 않았다

EXERCISE —— 5

1__ 어떤 것이 맞는지 표시해 보세요.

1) Don't eat so quick/quickly. It's not good for you.

2) My brother got married in/on May.

3) I am talking to you. Please listen to I/me.

4) What do you have on/in the bag?

5) Where are the tickets? I can't find it/them.

6) Tracy is studying hard/hardly for her exams.

7) Lisa saw Sam on/in Monday morning.

8) Our house is number 45 – the number is at/on the door.

2__ 다음의 문장을 해석해 보세요.

1) He wisely refused to accept the money.

____

2) He stirred his coffee with a spoon.

____

3) This letter is for Bill. Can you give it to him?

____

3__ 다음 우리의 글을 영어로 옮겨 보세요.

1) 좀 천천히 말해 주시겠어요?

____

2) 나는 오늘 아침에 여덟 시에 일어났습니다.

____

3) 나는 저 여자를 모릅니다. 당신은 아세요?

____

4__ 보기 중에서 빈칸 안에 들어갈 알맞은 말이나 틀린 곳을 하나 고르세요.

1) The view from the Top of the Hub was ________ beautiful, especially on a clear summer night.

(a) some (b) heavily (c) quite (d) liberally

2) We hope that you will be available(a) to meet with(b) our overseas client who(c) will be arriving sometime in this month(d).

3) Mr. Reynolds has been operating the maintenance division in our company ________ twenty years.

(a) after (b) for (c) during (d) from

4) The supervisor would like all employees to leave their weekly reports on ________ desk by two o'clock this afternoon.

(a) him (b) he (c) their (d) his

IV
구와 절

01 구

구의 정의

하나 이상의 단어가 모여 의미 있는 단위를 이루는데 이를 구(phrase)라고 합니다. 문장은 피상적으로 보면 개별 단어가 모여 이루어진 것처럼 보이지만 실제로는 구가 모여 이루어졌다고 말할 수 있습니다.

The woman has an important meeting tomorrow. 그 여자는 저녁에 중요한 모임이 있다

문장(= 절)

The woman + has an important meeting + in the evening.

(명사구) (동사구) (전치사구)

위의 The woman has an important meeting tomorrow는 The woman(그 여자)이라는 명사구, has an important meeting(중요한 모임이 있다)이라는 동사구, 그리고 in the evening(저녁에)이라는 전치사구로 이루어져 있습니다.

단어를 사람으로 생각한다면 단어가 모인 구(phrase)는 친근한 사람들끼리 모인 가족이라고 할 수 있고, 구가 모여 이루어진 절(clause)은 가족이 모여 이루어진 마을과 같은 것이라고 할 수 있습니다. 가족이 친근한 사람들끼리 모여 있듯 구도 서로 친한 단어들끼리(관사와 관사에 의해 제한받는 명사, 동사와 동사의 목적어인 명사) 함께 모여 있는 것이라 할 수 있겠습니다.

구의 종류

구는 보통 적게는 하나, 많게는 4~5개 정도의 단어로 이루어져 있는데, 그중 가장 중요한 의미를 나타내는 단어의 이름을 따라 명사구, 동사구, 형용사구, 전치사구 등으로 나누게 됩니다.

■_명사구

명사구는 명사 앞에 관사, 양화사, 형용사 등이 선택적인 요소로 더해진 것입니다. 명사 뒤에 수식어가 오는 경우도 있습니다. 이때 명사가 의미의 중심이 됩니다. 여기서 다소 생소한 용어인 한정사는 사전적 의미의 사물을 구체적인 현실 세계로 불러내어 명시적으로 보이게 만드는 역할을 하는 것으로 관사(a, the)와 지시사(this, that), 소유격 대명사(my, his), 그리고 일부의 양화사(some, any, no)를 말합니다.

명사구	선한정사 +	한정사	+ 양화사 +	형용사 +	명사	+ 수식어
I like apples. 나는 사과를 좋아한다					apples	
They live in an old house. 그들은 낡은 집에 산다		a/an		old	house	
I bought some beautiful yellow flowers. 나는 몇 송이의 아름다운 노란 꽃을 샀다		some/any		beautiful	flowers	
All the students passed the exam. 모든 학생들이 시험을 통과했습니다	all	the			students	
Those two tall girls in jeans are Judy and Ann. 청바지를 입은 저 두 명의 키가 큰 소녀는 주디와 앤이다		this/that (these/ those)	two	tall	girls	in jean

명사구	선한정사 +	한정사	+ 양화사 +	형용사 +	명사	+ 수식어
Half my work has been done. 내 일의 반은 끝났다	half	my/his			work	
	both		many			
			little			

I like apples에서 apples는 명사 단독으로만 이루어진 명사구입니다. an old house의 경우는 명사 house를 중심으로 앞에 부정관사(an)와 형용사(old)가 더해진 명사구이며, some beautiful yellow flowers의 경우는 양화사(some)와 두 개의 형용사(beautiful, yellow), 그리고 명사(flowers)로 이루어진 명사구입니다. All the students는 명사구에서 가장 앞에 나오는 선한정사(all), 그리고 정관사(the)와 명사(students)로 이루어진 것이며, Those two tall girls in jean은 명사 girl을 중심으로 앞에는 지시사(these), 양화사(two), 형용사(tall)가, 뒤에는 전치사구(in jean)가 수식어로 주어진 비교적 긴 명사구입니다. 마지막으로 Half my work는 선한정사(half)와 소유격 대명사(my)가 명사 앞에 나온 명사구입니다.

여기서 하나 주의할 점은 형용사는 여러 개가 한꺼번에 명사 앞에 주어질 수 있지만(beautiful yellow flowers), 선한정사, 한정사, 양화사는 같은 범주에 속한 단어를 두 개 이상 사용할 수 없다는 것입니다. all both students(×)는 선한정사가 두 개 사용된 경우이며 this my book(×)은 한정사가 두 개 사용된 경우입니다.

■_동사구

동사를 중심으로 조동사와, 명사(구)(목적어나 보어의 역할) 또는 형용사(구)(보어의 역할)가 모인 것입니다. 조동사는 동사 앞에 사용되며, 명사(구)와 형용사(구)는 동사 뒤에서 목적어나 보어로 사용됩니다.

동사구	조동사 +	동사	+ 명사/형용사(목적어/목적보어)
What happened? 무슨 일이 일어났니?		happened	
Megan speaks four languages. 메건은 네 개의 언어를 말할 수 있다		speaks	four languages
Julia and I are good friends. 줄리아와 나는 좋은 친구이다		are	good friends
I always feel tired. 나는 항상 피곤하다		feel	tired
It will rain tomorrow. 내일 비가 올 것이다	will	rain	
Natasha could play the piano when she was four. 너태샤는 네 살 때 피아노를 칠 수 있었다	could	play	the piano

What happened?에서 happened는 동사 단독으로만 이루어진 동사구이며, speaks four languages는 동사 speaks와 speaks 뒤에서 목적어의 역할을 하는 명사구 four languages(양화사 four와 명사 languages로 구성됨)로 이루어진 동사구입니다. are good friends의 경우는 be 동사 are와 이것의 보어 역할을 하는 명사구(good friends)로 이루어진 동사구이며, feels tired는 동사 feels와 보어의 역할을 하는 형용사 tired가 모여 이루어진 동사구입니다. will rain은 동사 rain 앞에 조동사 will이 더해져 구성된 동사구이며, could play the piano는 동사 play를 중심으로 앞에는 조동사 could가 위치하고 뒤에는 목적어인 명사구 the piano가 위치하는 동사구입니다.

■_형용사구

형용사(때로 뒤에 전치사를 취하여)를 중심으로 부사, 명사(목적어)가 모인 것입니다.

형용사구	부사 +	형용사 +	명사(목적어)
It smells good. 냄새가 좋다		good	
These flowers are very beautiful. 이 꽃들은 정말 아름답다	very	beautiful	
I am quite sure that he will come. 나는 그가 올 것을 매우 확신한다	quite	sure	that he will come
I am sure of it. 나는 그것을 확신한다		sure of	it

It smells good에서 good은 형용사 단독으로 이루어진 형용사구입니다. very beautiful의 경우는 형용사 beautiful에 정도를 나타내는 부사 very가 앞에 더해진 것이며, quite sure that he will come의 경우는 형용사 sure를 중심으로 그 앞에는 정도를 나타내는 부사 quite이, 그 뒤에는 that he will come이라는 명사절이 목적어(sure의)로 주어진 형용사구입니다. sure of it은 형용사 sure에 전치사 of가 더해진 형태에 대명사 it이 목적어(sure of의)로 주어진 형용사구입니다. 형용사는 원래 목적어를 취할 수 없으나 sure의 경우엔 절을 목적어로 취하고 of를 동반해 명사를 목적어로 취하는 것은 매우 예외적인 것이라 할 수 있습니다.

참고로, 명사의 특성을 말해 주는 형용사는 명사 앞에 하나씩만 사용되는 선한정사(all, half, both), 관사, 지시사, 양화사 등과 달리 한 번에 몇 개든지 사용될 수 있습니다. 그리고 형용사는 명사의 성질과 본질적으로 가까우면 가까울수록 명사에 더 가까이 위치하게 됩니다. 그 순서는 다음과 같습니다.

의견 (how good)	– 크기	– 기타	– 나이	– 색	– 출처	– 재료	– 용도	– 명사
nice	large	famous	new	white	French	silver	coffee	cups
beautiful		important		old				pen
terrible		fast						
		angry						
		difficult						
		soft						

따라서 크기와 색을 나타내는 형용사가 두 개 동시에 있을 때는 아래 첫 번째 예문에서처럼 크기를 나타내는 형용사가 색을 나타내는 형용사를 선행하게 되며(small-green), 의견을 나타내는 형용사, 나이를 나타내는 형용사, 용도를 나타내는 형용사 세 개가 한 번에 사용될 때는 두 번째 예문에서처럼 wonderful new face와 같이 '의견을 나타내는 형용사 → 나이를 나타내는 형용사 → 용도를 나타내는 형용사' 순으로 사용이 됩니다.

It's a small green insect. 그것은 한 마리의 작은 녹색 벌레이다

It's a wonderful new face cream. 그것은 놀랄 만한 새로운 얼굴에 바르는 크림이다

■_전치사구

전치사를 중심으로 부사, 명사(목적어)가 모인 것입니다.

전치사구	부사 +	전치사 +	명사(목적어)
The park is beautiful in the fall. 공원은 가을에 아름답다	in	the fall	

전치사구	부사 +	전치사 +	명사(목적어)
Tim arrived almost at the office. 팀은 거의 사무실에 가까이 도착했다	almost	at	the office
I fell asleep during the movie. 나는 영화 보는 도중에 잠이 들었다		during	the movie
The car is waiting at the traffic light. 그 차는 신호등에서 기다리고 있습니다		at	the traffic light
They went straight to London. 그들은 런던으로 직행했다	straight	to	London

in the fall은 전치사 in이 명사구 the fall을 목적어로 취한 전치사구입니다. almost at the office는 전치사 at을 중심으로 뒤에는 명사구 the office가 목적어로 주어지고, 앞에는 at the office라는 전치사구를 수식해 주는 부사 almost가 주어진 전치사구로, '거의 사무실에 가까이'라는 의미를 갖습니다. 마지막 문장의 straight to London 또한 전치사구 to London에 그것을 수식해 주는 부사 straight이 추가된 전치사구로 '곧장 런던으로'라는 의미를 갖습니다.

구의 역할

문장은 그 구성 요소가 문장에서 어떤 역할을 하느냐에 따라, 주어(동작이나 상태의 주체), 서술어(주어의 동작이나 상태를 서술해 주는 것으로 주어를 제외한 동사어와 부사어를 포함), 부사어(발생 행위에 대한 장소, 시간, 방법 등을 말해 줌), 목적어(타동사나 전치사의 영향이 미치는 대상), 수식어(명사 등을 수식), 보어(주어나 목적어의 의미 보충) 등으로 이루어져 있다고 할 수 있습니다. 그런데 이들 역할은 개별적인 단어보다도 구(phrase)에 의해 수행됩니다. 예를 들어, An old man with gray hair found a wallet in the street(백발의 머리를 한 노인이 길거리에서 지갑을 하나 주웠다)라는 문장은 아래의 도식(수형도, 나무를 거꾸로 그려 놓은 것과 같은 것으로 문장을 구성하고 있는 단어들을 서로 가까운 것들끼리 묶어 놓은 것을 말함)에서처럼 구가 문장 구성 요소의 실질적인 내용을 나타내고 있음을 보여 줍니다.

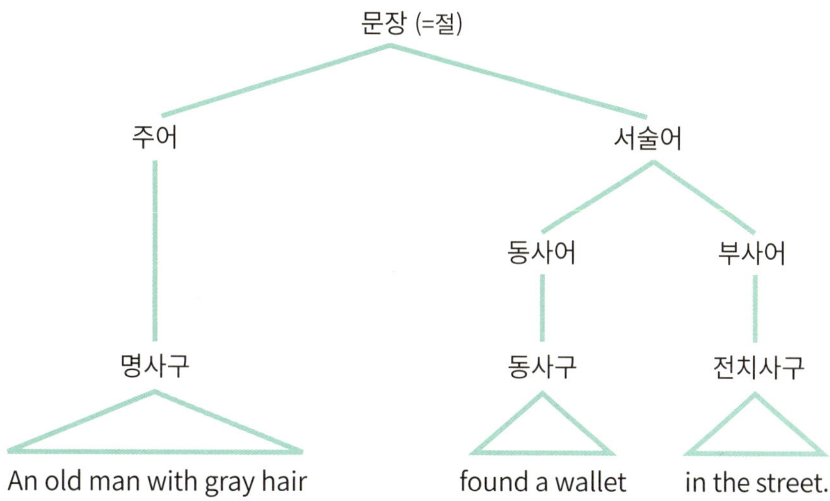

도식에 따르면, 문장(절)이 명사구(an old man with gray hair = 부정관사 a+형용사 old+명사 man+전치사구(전치사 with+명사구 gray hair)), 동사구(found a wallet = 동사 found+명사구 a wallet), 그리고 전치사구(in the street = 전치사 in+명사구 the street)로 이루어져 있으며, 이들은 문장에서 각각 주어, 동사어, 부사어의 역할을 하고 있음을 알 수 있습니다(동사어와 부사어는 다시 서술어의 역할을 함). 참고로, 문장은 보통 주어와 주어를 제외한 서술어로 이루어져 있다고 하지만 서술어는 다른 용어와 달리 품사에서 나온 것이 아니고, 또 부사어가 없으면 동사어와 동일한 것이 되는데, 이는 수형도에 복잡함을 주게 되므로 아래에서 볼 수 있듯 수형도는 서술어 없이 주어, 동사어, 부사어로 간단히 그려 줄 수도 있습니다.

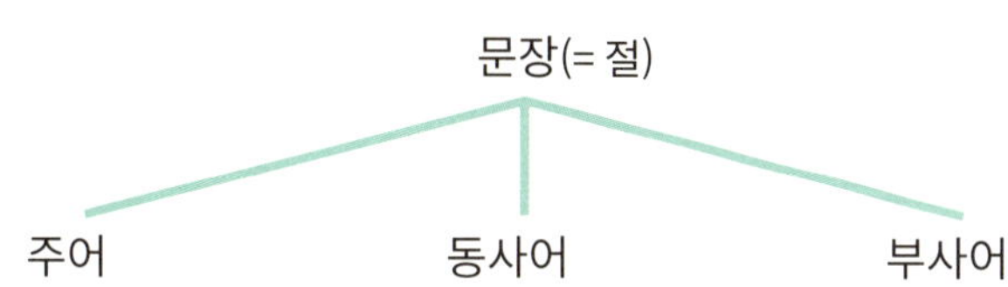

■_명사구의 역할

명사구는 문장에서 주어나 목적어(타동사, 전치사의), 또는 보어의 역할을 합니다.

This hotel is expensive, but it is nice. 이 호텔은 비싸지만 훌륭하다

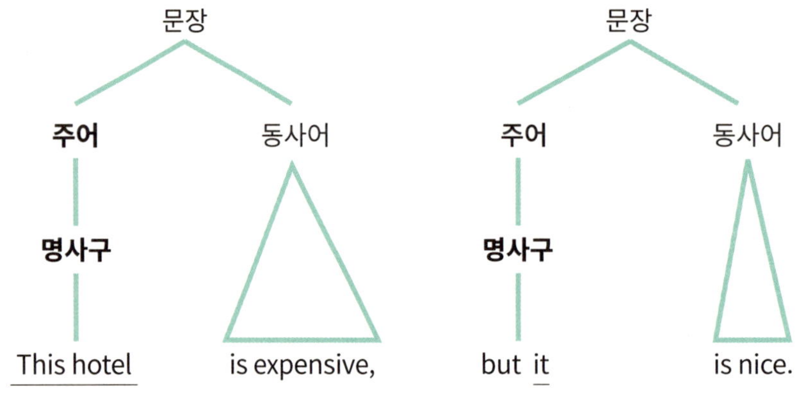

명사구 This hotel은 '비싼' 상태의 주체인 주어의 역할을 하고, 대명사 it은 '훌륭한' 상태의 주체인 주어의 역할을 하고 있습니다.

Amy took some pictures. 에이미는 사진을 몇 장 찍었다

I can't sleep at night. 나는 저녁에 잠을 잘 못 잔다

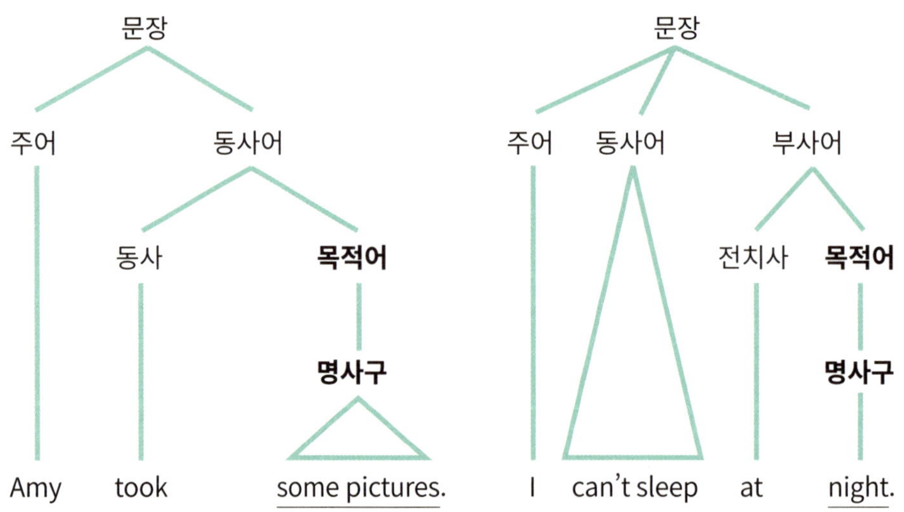

첫 번째 예문에서 명사구 some pictures는 동사 took의 목적어 역할을 하고, 두 번째 예문에서 명사(구) night은 전치사의 목적어 역할을 하고 있습니다.

Sam is a great soccer player. 샘은 뛰어난 축구 선수이다

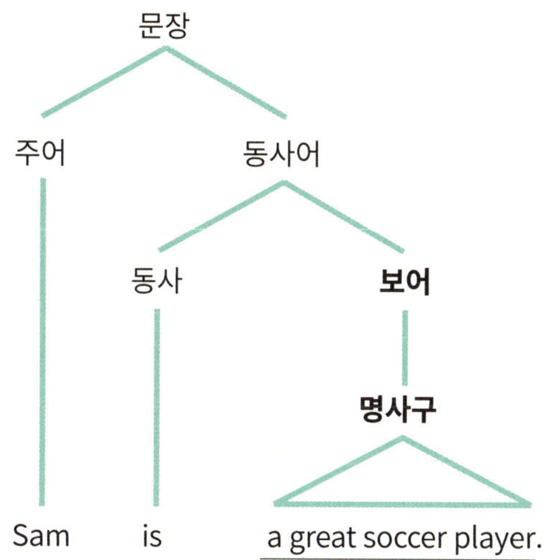

부정관사 a와, 형용사 great, 그리고 복합명사 soccer player로 이루어진 명사구는 문장에서 be 동사 is에 대한 보어로서 역할을 하며 주어 Sam에 대한 의미를 보충해 줍니다(즉, 축구 선수임을 말해 줌).

■_동사구의 역할

동사구는 문장에서 단독으로 또는 부사어와 함께 서술어의 역할을 합니다.

Laura finished high school in 1998. 로라는 1998년에 고등학교를 마쳤다

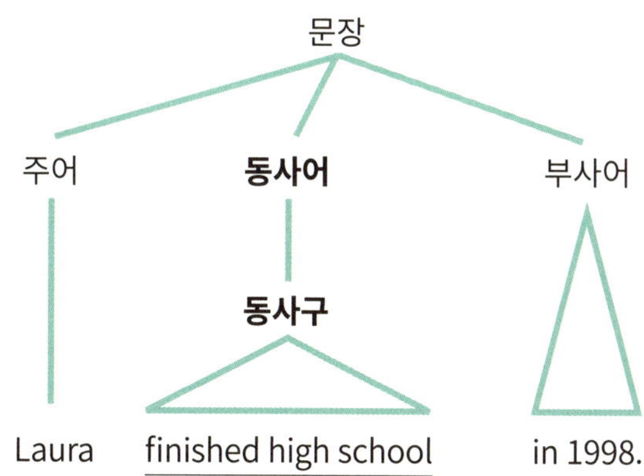

동사 finish와 그 목적어인 명사구 high school로 이루어진 동사구는 동사어가 되어 부사어 in 1998과 함께 주어 로라(Laura)의 행위를 서술해 주는 역할을 하고 있습니다.

Hurry! The train leaves in five minutes. 서두르세요! 기차가 5분 안에 출발합니다

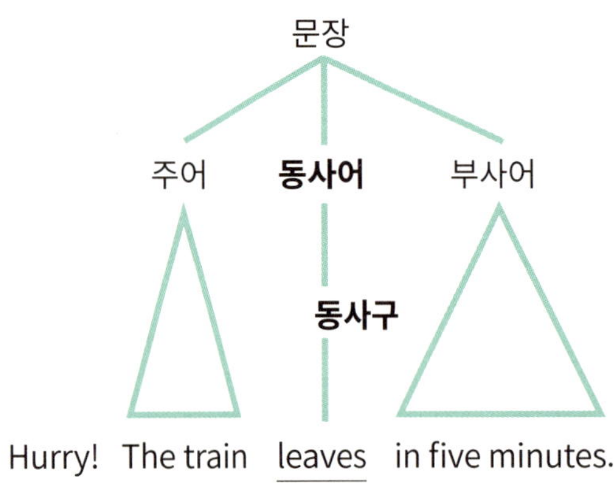

동사 leaves는 목적어가 없는 자동사로서 단독으로 동사구를 구성하며 동사어의 역할을 합니다.

■_형용사구의 역할

형용사구는 명사에 대한 수식어의 역할을 하거나 be 동사 등에 대한 보어의 역할을 합니다.

She has straight blond hair. 그녀는 직모인 금발의 머리를 가지고 있다

He is pretty tall. 그는 키가 꽤 크다

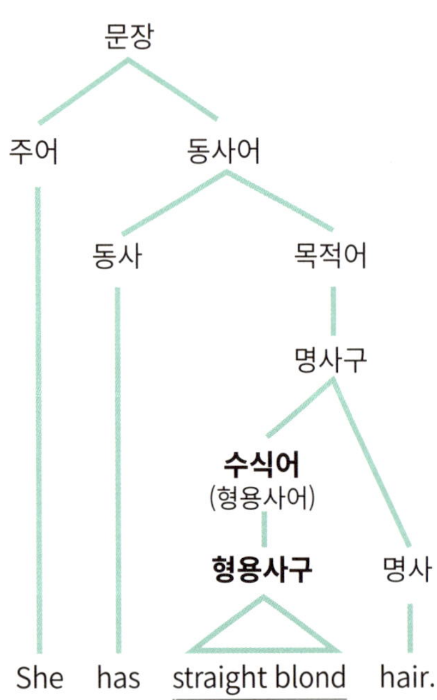

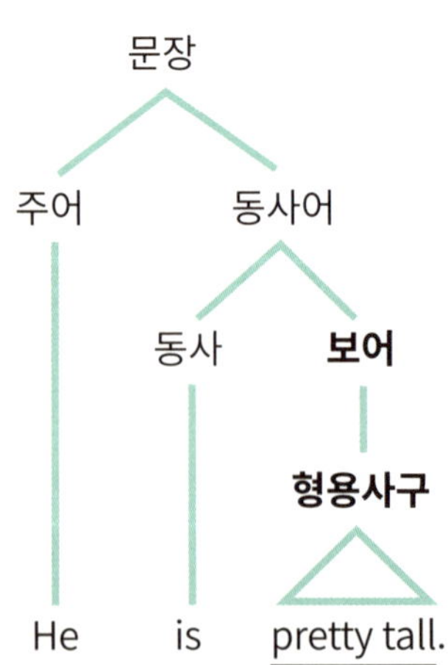

첫 번째 예문에서 형용사 straight와 또 다른 형용사 blond는 형용사구를 구성하고 명사 hair를 수식하는 수식어(형용사어라고도 불림)의 역할을 합니다. 두 번째 예문의 형용사 tall과 그것을 수식해 주는 부사 pretty는 형용사구를 구성하고 be 동사 is의 보어로서 주어 he의 의미를 보충해 주는 보어의 역할을 합니다(즉, 키가 꽤 큼).

■_전치사구의 역할

부사어의 역할을 하거나 명사를 뒤에서 수식해 주는 수식어의 역할을 합니다.

I live in a city, but I'd like to live in the country. 나는 도시에 산다 그러나 시골에 살고 싶다

The woman next to Alice is Jane. 앨리스 옆에 있는 여자는 제인이다

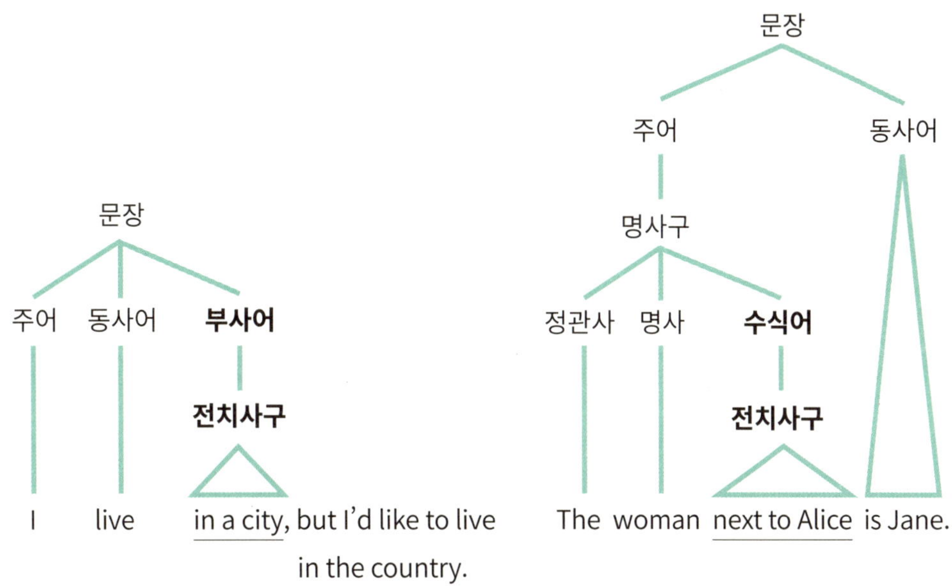

첫 번째 예문의 in a city는 전치사 in과 그 목적어인 명사구 a city로 이루어진 전치사구로 동사 live에 대해 장소를 말해 주는 부사어의 역할을 합니다. 두 번째 예문에서 전치사 next to와 그 목적어 Alice로 이루어진 전치사구 next to Alice는 앞의 명사 woman을 수식해 주는 역할을 합니다.

언어 발달 면에서 구를 보면, 아이들은 생후 12개월 전후로 처음으로 단어를 배우기 시작하는데 50 단어 정도를 익히면 그 단어들을 결합하기 시작합니다(18~24개월 사이). 처음에는 두 개 정도의 단어를 결합합니다. 그런데 이 결합은 성인 문법의 동사구, 명사구 등처럼 중심이 되는 단어에 다른 단어가 결합된 형태를 가지며(see sock[양말을 보세요], doggie bark[개가 짖어요], baby chair[아이가 의자에 앉아 있어요], Daddy hat[아빠의 모자]), 25개월이 지나면서는 세 단어나 그 이상을 결합하고 주어와 동사를 사용해 거의 완전한 문장의 구조를 갖추게 됩니다. 만 3세 이후에는 시제, 관사, 조동사 등을 사용하기 시작하며 급격한 문장 발달이 일어나게 되는데 이때를 기점으로 재미있는 동화를 들려주고 문자에 노출시키는 것과 같은 언어 지도를 천천히 하면 이후 학습하게 될 독해와 작문에 큰 도움이 될 수 있습니다.

EXERCISE —— 6

1__ 빈칸에 적절한 단어를 보기에서 골라 쓰세요. ▶ will, washes, hotels, surprised, classical, in

1) Do you like (　　　　　) music? 당신은 고전 음악 좋아하세요?

2) The Statue of Liberty is (　　　　　) New York. 자유의 여신상은 뉴욕에 있다

3) Peter (　　　　　) her hair every day. 피터는 매일 머리를 감는다

4) I like this hat. I think I (　　　　　) buy it. 나는 이 모자가 마음에 들어 사겠습니다

5) I need some information about (　　　　　) in Mexico City.
나는 멕시코 시티에 있는 호텔에 대한 정보가 조금 필요하다

6) Everybody was (　　　　　) that he passed the exam.
모두가 그가 시험에 합격한 것에 대해 놀라워했다

2__ 다음의 문장을 해석해 보세요.

1) All the flowers in the garden are beautiful.

____

2) I'm not satisfied with my job.

____

3) There's a supermarket on corner near my house.

____

3__ 다음 우리의 글을 영어로 옮겨 보세요. (주어진 단어를 순서에 맞게 넣어 보세요)

1) 긴 갈색 머리를 가진 그 여자아이는 내 여동생이다. ▶ brown, long, hair, with, the, girl

________ ________ ________ ________ ________ ________ is my sister.

2) 그 젊은 남자는 아주 재치 있어 보인다. ▶ sensible, young, very

The ________ man seems ________ ________.

3) 나는 두 시간 동안 테니스를 쳤다. ▶ two, tennis, hours, for

I played ________ ________ ________ ________.

4__ 보기 중에서 빈칸 안에 들어갈 알맞은 말이나 틀린 곳을 하나 고르세요.

1) In order to reach (a) his fully (b) potential as (c) a salesman, he has made a plan to sell over (d) 100 cars within a year.

2) Taxpayers for a composite income (a) tax is (b) requested to keep receipts (c) for (d) 5 years.

3) For a few years, we made every endeavor to meet the strictest standards for ________ and strength.

(a) safe (b) safely (c) safety (d) safest

4) Because of (a) strong competition in the car industry, most car manufacturers (b) are designing a year program (c) to reduce costs (d).

02 절

절의 정의

절(clause)이란 단어나 구처럼 문장을 구성하는 요소입니다. 절은 하나의 주어와 하나의 서술어를 포함하고 있어 그 자체로 독립된 문장을 구성할 수 있고, 단어나 구처럼 다른 문장에서 주어, 목적어, 보어, 수식어, 부사어의 역할을 할 수 있습니다. 절은 문장에서 차지하는 비중에 따라 독립절, 등위절, 또는 종속절의 이름을 갖습니다.

■_독립절: 하나의 절이 하나의 문장을 이룰 때 이 절은 독립절입니다

My office is in the next building. 나의 사무실은 다음 빌딩에 있다

주어 + 서술어 (= 절/문장)

위의 예문은 하나의 주어(My office)와 하나의 서술어(is in the next building)로 이루어져 있으므로 절이라 할 수 있으며, 또 단독으로 문장을 구성하므로(끝에 마침표가 주어져 문장임이 표시됨) 독립절이라고 할 수 있습니다.

■_등위절: 하나의 절이 다른 절과 동등하게 연결이 되어 문장을 이룹니다. 연결을 위해 and, but, or 등의 등위접속사가 필요합니다

He doesn't like her and she doesn't like him.

[주어+ 서술어 (= 절)] + 접속사 + [주어 + 서술어 (= 절)] → 문장

그는 그녀를 좋아하지 않고 그녀도 그를 좋아하지 않는다

It's a nice house, but it doesn't have a garage. 좋은 집인데 창고가 없다

[주어 + 서술어 (= 절)] + 접속사 + [주어 + 서술어 (= 절)] → 문장

위의 두 예문은 두 개의 절이 각각 접속사 and와 but에 의해 등위 접속되어 있는데, 이 때 접속된 두 절을 등위절이라 합니다.

■_종속절: 하나의 절이 다른 절에 종속되어 주어, 목적어, 보어, 수식어, 부사어의 기능을 합니다. 주절에 연결되기 위해서는 that, which, when, because 등의 종속접속사가 필요합니다

She said that her son didn't like school.

주어 + 동사 + 접속사 + [주어 + 서술어 (= 절/목적어)] → 문장

그녀는 자기 아들이 학교생활을 싫어한다고 말했다

her son didn't like school은 하나의 절로서 앞의 절의 타동사 said에 대해 목적어의 역할을 합니다. 따라서 이 절은 종속절로 앞의 절(주절)과 종속적으로 연결되어 있다고 할 수 있으며, 그 연결을 가능하게 한 것은 접속사 that입니다.

Lisa is hungry because she didn't have breakfast.

주어 + 서술어 + 접속사 + [주어+ 서술어 (= 절/부사어)] → 문장

리사는 아침을 먹지 않아 배가 고프다

she didn't have breakfast는 하나의 절로서 앞의 절에 대해 이유를 나타내는 부사어의 기능을 합니다. 따라서 이 절은 앞의 절(주절)과 종속적으로 연결되어 있다고 할 수 있으며, 접속사 because가 그 연결을 가능하게 합니다.

절(종속절)의 종류와 역할

종속절은 하나의 품사처럼 여겨지며 명사절, 형용사절, 부사절로 사용됩니다.

■_명사절

명사와 같은 성질을 가진 것으로 주어, 목적어, 보어의 역할을 합니다. 우리말에서는 '…함', '…하기', '…하는 것' 등으로 해석이 됩니다. 이때 사용되는 접속사에는 that, whether, if 등이 있습니다.

주어의 역할

That he is 108 years old is true.

= It is true that he is 108 years old

그가 108세라는 것은 사실이다

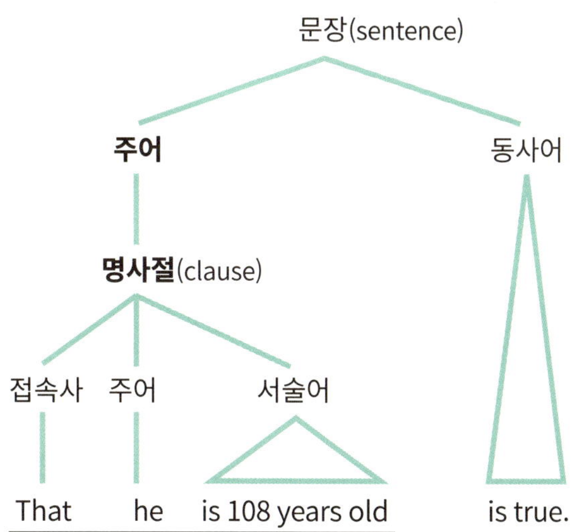

That he is going to quit his job is only a rumor.

= It is only a rumor that he is going to quit his job

그가 직장을 관두려 한다는 것은 단지 소문일 뿐이다

That he is 108years old는 접속사 that에 의해 이끌리는 명사절로서 문장에서 주어의 역할을 하고 있습니다. 보통 절이 주어인 경우 주어에 가주어 it이 대신 사용되고 절은 문장의 제일 뒤로 보내는 것이 일반적입니다(영어는 문장의 앞부분에 무거운 요소가 오는 것을 피하는 경향이 강함). That he is going to quit the job 또한 주어로 사용되는 명사구입니다.

목적어의 역할

Mike said that I looked tired. 마이크는 내가 피곤해 보인다고 말했다

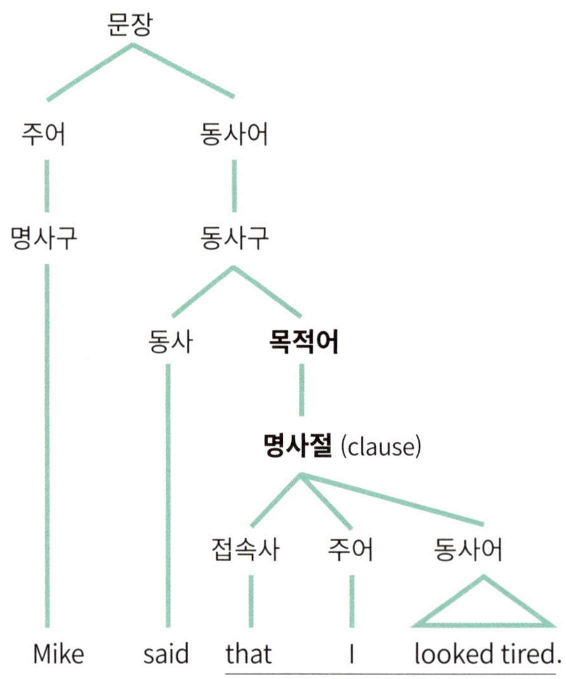

Can you tell me whether this restaurant is expensive?

이 식당이 비싼지 어떤지 말해 주시겠어요?

that I looked tired는 접속사 that에 의해 이끌리는 명사절로서 문장에서 said의 목적어 역할을 합니다. Whether this restaurant is expensive 역시 명사절로서 tell의 목적어 역할을 하고 있는데, 이때 사용된 접속사는 '…인지 아닌지'를 의미하는 whether입니다.

보어의 역할

The problem is that I am not enjoying my job very much.

문제는 내가 내 일을 많이 좋아하지 않는다는 것이다

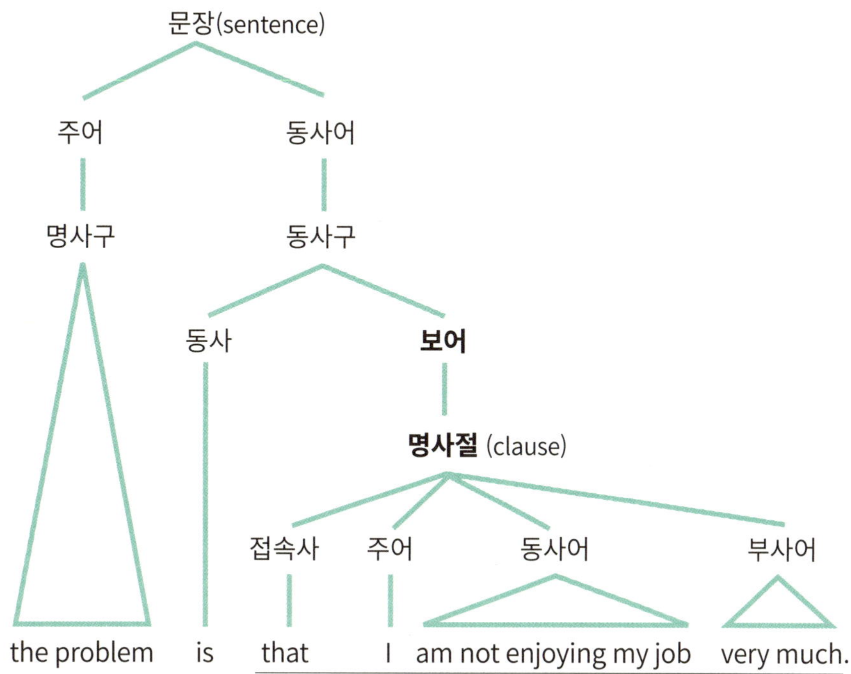

One of her good points is that she is always optimistic.

그녀의 장점 중 하나는 항상 미래를 좋게 생각하는 것이다

that I am not enjoying my job very much는 접속사 that에 의해 이끌리는 명사구로서 be동사 is의 보어 역할을 합니다. 두 번째 예문의 that she is always optimistic 역시 명사절로서 보어의 역할을 합니다.

■_형용사절

형용사와 같은 성질을 가진 것으로 문장에서 수식어의 역할을 합니다. 보통 관계절이라고 불리는데, 우리말에서는 '…하는', '…한', '…할' 등으로 해석이 됩니다. 이때 사용되는 접속

사에는 who, which, whom, that과 같은 관계대명사와 where, when, how 등과 같은 관계부사가 있습니다.

수식어 역할(관계대명사가 사용됨)

I met a woman <u>who can speak six languages.</u>

나는 여섯 개의 언어를 말할 줄 아는 여자를 만났다

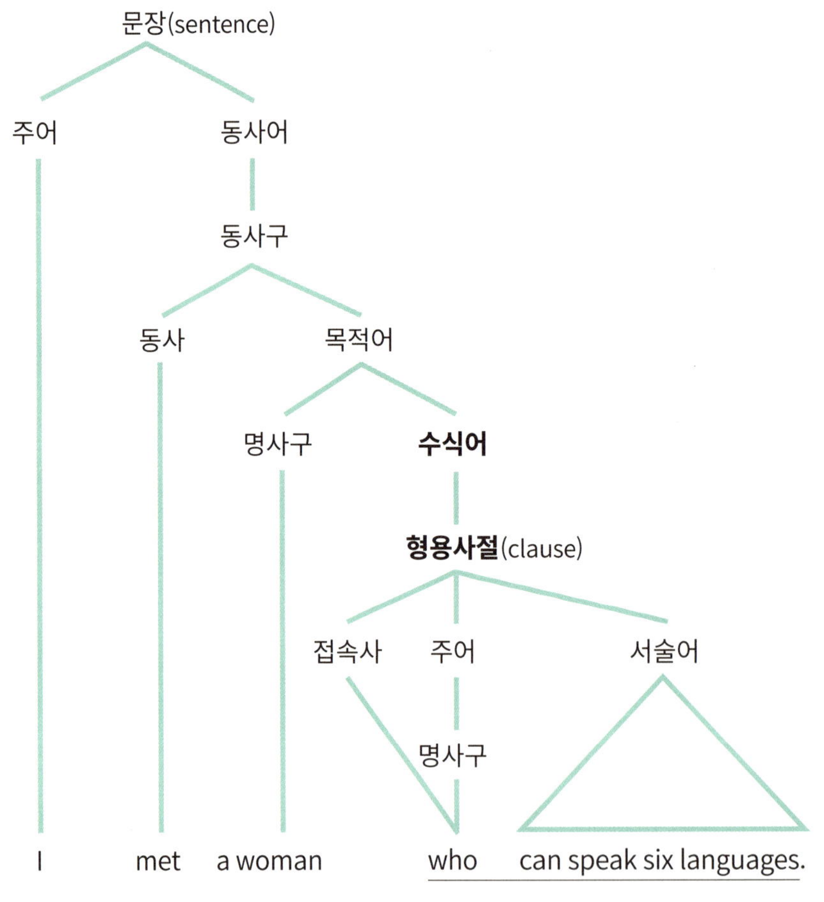

You always ask questions <u>that I can't answer.</u>

너는 내가 대답할 수 없는 질문만 한다

who can speak six languages는 접속사 who에 의해 이끌리는 형용사절로 앞의 명사 a woman을 수식하는 역할을 합니다. 여기서 접속사 who는 접속사로서 형용사절을 앞의 명사와 관계시키는(수식하는) 역할을 하고, 동시에 형용사절 내에서 주어로 사용되는 she와 같은 대명사의 기능도 하고 있으므로(I met a woman. She can speak six languages), 보통 관계대명사로 불립니다. 두 번째 예문의 that are difficult to answer 역시 접속사 that에 의해 이끌리는 형용사절로 앞의 명사 questions를 수식하는 역할을 합니다. 그리고 형용사절 내에서 목적어로 사용되는 them과 같은 대명사의 기능도 하고 있습니다(You always ask questions. I can't answer them).

수식어 역할(관계부사가 사용됨)

The hotel where we stayed wasn't very clean.

우리가 머물렀던 호텔은 아주 깨끗하지 못했다

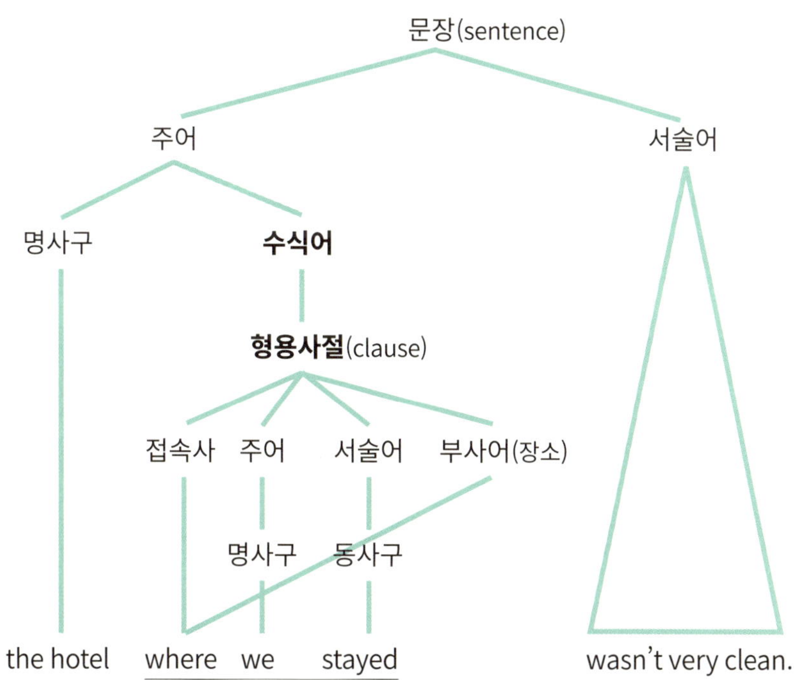

Do you still remember the day when we first met? 우리가 처음 만난 날 기억해요?

where we stayed는 접속사 where에 의해 이끌리는 형용사절로 앞의 명사 the hotel을 수식하는 역할을 합니다. 여기서 접속사 where는 접속사로서 형용사절을 앞의 명사와 관계시키는(수식하는) 역할을 하고, 동시에 형용사절 내에서 장소를 나타내는 부사어로 사용되는 there와 같은 부사의 기능도 하고 있으므로(The hotel wasn't very clean. We stayed there), 보통 관계부사로 불립니다. 두 번째 예문의 when we first met 역시 접속사 when에 의해 이끌리는 형용사절로 앞의 명사 the day를 수식하는 역할을 합니다. 그리고 형용사절 내에서는 시간을 나타내는 부사어로 사용되는 then과 같은 부사의 기능을 합니다(Do you still remember the day? We first met then).

■_부사절

부사와 같은 성질을 가진 것으로 문장에서 동사의 행위에 대해 시간, 이유, 조건, 양보 등의 부차적인 의미를 부여합니다. 이때 사용되는 접속사에는 when, because, if, although 등이 있습니다.

부사어 역할

Look both sides before you cross the street. 길을 건너기 전에는 이쪽저쪽을 살펴라

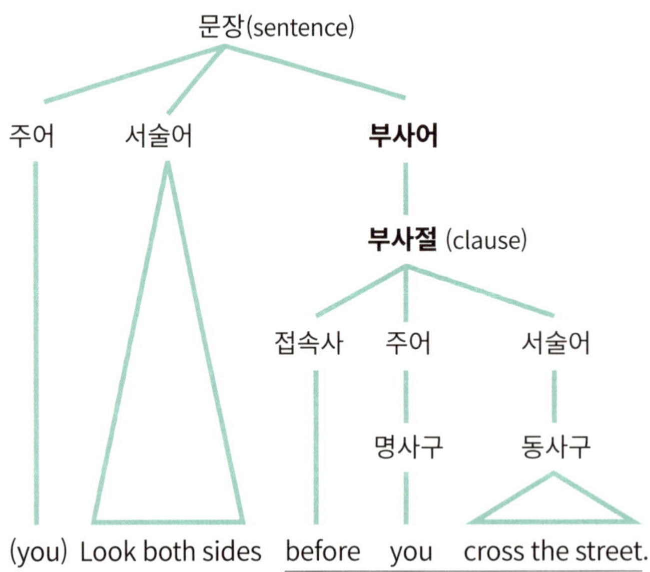

They didn't play tennis because the weather was bad.

날씨가 안 좋아 그들은 테니스를 치지 않았다

Don't wait for me if I'm late tonight.

내가 오늘 저녁 늦으면 나를 기다리지 마

before you cross the street는 접속사 before에 의해 이끌리는 부사절로 앞의 동사 look의 행위가 언제 발생할지에 대한 부차적인 의미를 제공하는 부사어의 역할을 합니다. 즉, 이쪽 저쪽을 살피는 행위는 길을 건너기 전에 이루어져야 한다는 것을 나타냅니다. 두 번째 예문에서 보이는 because the weather was bad는 접속사 because에 의해 이끌리는 부사절로 앞의 동사 didn't play tennis의 행위가 왜 발생했는지에 대한 부차적인 의미를 제공하고, 세 번째 예문의 if I'm late tonight은 Don't wait for me가 일어날 수 있는지 안 일어날 수 있는지의 조건이라는 부차적인 의미를 제공하는 부사어의 역할을 하고 있습니다.

일반적으로 아이들은 만 3세 무렵이 되면 주어와 동사가 사용된 완전한 문장(절)을 말하게 됩니다. 그리고 이때를 전후로 문장들을 결합해 사용하기 시작하는데 이 중 가장 간단하고 자주 쓰는 구조는 두 문장을 and라는 접속사를 사용해 연결한 것입니다(I'm pushing the wagon and I'm pulling the train). 곧 두 문장을 when, because 등의 접속사를 사용해 연결하기 시작하며(We left home when mommy called), 한 문장을 다른 문장의 구성 성분인 목적어로서의 역할을 하도록 하거나(I know that you can do it), 한 문장이 다른 문장의 한 문장성분을 수식하게 하는 소위 관계절 구문을 만듭니다(This is the toy that I want). 그러나 아이들이 등위절을 어느 정도 잘 사용할 수 있는 것은 유치원에 들어갈 무렵이 되어 가능하며, 종속절은 초등학교에 입학할 나이가 되어서야 가능합니다.

관계절 구문은 구조가 복잡하여 다른 구문들에 비해 습득이 늦는데, 거의 학교에 들어갈 무렵에야 사용에 어려움을 느끼지 않게 됩니다. 그 전에는 수식을 받는 말을 생략한 채 말을 하거나(This is I want), 수식을 받는 말을 what으로 대치해 사용하기도 합니다(This is what I want). 그리고 관계절 안에는 수식을 받는 말과 호응하는 빈자리가 있어야 하는데 이 자리가 채워진 채 사용되기도 합니다(This is I want it).

외국어로 영어를 사용하는 우리도 영어의 관계절을 매우 어려워하는데, 관계절이 원래 어려운 구문이기도 하지만 우리말에서 관계절을 잘 사용하지 않는 것도 한 이유가 될 수 있습니다(우리말의 관계절은 영어의 관계절과 구조가 비슷함). 영어를 우리말로 해석할 때, 어려운 영어의 관계절을 부사절 구문으로 바꾸어 주면 이해가 쉽게 될 수 있습니다. 예를 들어, The radio which made to much noise was returned의 영어 관계절 구문을 '너무 많은 소음을 만드는 라디오는 반품되었다'라고 관계절을 사용해 해석하는 대신 '라디오는 소음이 너무 많아서 반품하였다'처럼 부사절을 사용하여 해석해 주면 이해가 쉽습니다. 이때 수동태 구문(반품되었다)도 우리말에서는 자주 사용되지 않으므로 능동으로(반품하였다) 바꾸어 주면 훨씬 자연스러운 해석이 됩니다.

EXERCISE —— 7

1__다음 밑줄 친 절의 이름은 명사절, 형용사절, 부사절 중 무엇입니까?

1) I got up in the middle of the night <u>because I couldn't sleep</u>.

☐ 명사절 ☐ 형용사절 ☐ 부사절

2) An architect is someone <u>who designs buildings</u>.

☐ 명사절 ☐ 형용사절 ☐ 부사절

3) She said <u>she didn't feel very well</u>.

☐ 명사절 ☐ 형용사절 ☐ 부사절

4) <u>While they were asleep</u>, someone broke into the house.

☐ 명사절 ☐ 형용사절 ☐ 부사절

5) Barbara works for a company <u>that makes washing machines</u>.

☐ 명사절 ☐ 형용사절 ☐ 부사절

2__ 다음의 문장을 해석해 보세요.

1) She said that she was going to buy a computer.

____

2) If you fail the driving test, you can take it again.

____

3) The dress Ann bought doesn't fit her well.

____

3__ 다음 우리의 글을 영어로 옮겨 보세요. (주어진 단어를 순서에 맞게 넣어 보세요)

1) 나는 피곤했기 때문에 아주 일찍 잠자리에 들었다. ▶ because, bed, tired

I went to ________ very early ________ I was ________.

2) 나는 그가 정직하다는 것을 안다. ▶ he, I, honest, that

________ know ________ ________ is ________.

3) 그들이 말한 모든 것은 사실이었다. ▶ said, that, they

Everything ________ ________ ________ was true.

4__ 보기 중에서 빈칸 안에 들어갈 알맞은 말이나 틀린 곳을 하나 고르세요.

1) ______ the Internet has brought the world closer together is an incredible accomplishment.

(a) What (b) Although (c) That (d) So

2) There has been no sign that the number of smokers has decreased, _______ the tax for cigarettes steadily rises.

(a) because (b) though (c) that (d) and

3) Many(a) convenience stores can be found(b), who(c) are open(d) twenty-four hours a day.

4) It was evident ________ the project was a total failure.

(a) but (b) and (c) if (d) that

V

부정사·분사·동명사

01 부정사

02 분사

03 동명사

부정사, 분사, 동명사는 기본적으로는 동사이나 명사, 형용사, 부사로도 사용이 가능합니다. 이들은 또한 명사, 형용사, 동사와 같은 하나의 품사에 불과함에도 주어, 목적어 등을 취하여 구나 절을 구성할 수 있는 특출한 능력을 가지고 있습니다. 부정사, 분사, 동명사는 가지고 있는 능력만큼 문장의 구성에서 매우 중요한 역할을 합니다.

01 부정사

부정사의 정의

부정사는 to와 동사의 기본형이 결합된 형태를 말하는데(예: to live), 문장에서 하나의 단어(품사)처럼 사용이 됩니다. 일반적으로 하나의 단어는 하나의 품사에 속하게 되는 데 반해 부정사는 여러 품사에 속할 수 있다는 특징이 있습니다. 즉, 부정사는 기본적으로 동사이면서, 문장에서의 상황에 따라 동시에 명사가 되거나 형용사나 부사가 되기도 합니다. 부정사는 자체로 동사이기에 주어와 목적어를 취하여 하나의 절('누가 무엇을 하다' 또는 '무엇이 어떻다'라는 개념을 가짐)의 의미를 구성할 수 있으며 나아가 문장에서 목적어, 주어, 보어, 수식어, 부사어와 같이 다양한 역할을 하는 '팔방미인'이라 할 수 있습니다.

참고로, 부정사(不定詞)는 동명사, 분사와 함께 비정형 동사의 하나로 불리는데 그것은 인칭과 수, 시제에 상관없이 모양이 변하지 않고 항상 일정한 형태를 갖는다는 것을 의미합니다. 즉, 보통의 동사 live는 주어가 3인칭 단수이면(현재 시제에서) lives와 같은 모양을 갖고, 과거 시제이면 lived와 같이 또 다른 모양을 갖는데, 부정사는 이와 상관없이 항상 to live의 모습만을 가진다는 말이 됩니다.

부정사의 종류와 역할

■_명사절

부정사는 명사와 같은 성질을 가지며 문장에서 목적어, 주어, 보어의 역할을 합니다. 부정사 안의 주어는 대체로 주절의 주어나 목적어와 같기 때문에 대부분 생략이 됩니다.

부정사는 흔히 표면적으로는 주어를 취하지 않아 주어와 동사를 갖는 완전한 형태의 절이라고는 할 수 없지만 그 안의 의미를 들여다보면 반드시 주어가 존재한다는 것을 알 수 있습니다. 그것은 본질적으로 주어를 필요로 하는 동사는 형식상 또는 의미상 반드시 주어를 취해야 하기 때문입니다. 따라서 엄밀히 말해 부정사는 모두 절이라 할 수 있습니다.

목적어의 역할(1)

부정사는 타동사의 목적어 역할을 합니다. 이때 부정사의 주어는 주절의 주어와 같습니다.

It's not very late. We don't need to go home yet.

너무 늦지 않았으므로 아직 집에 갈 필요가 없다

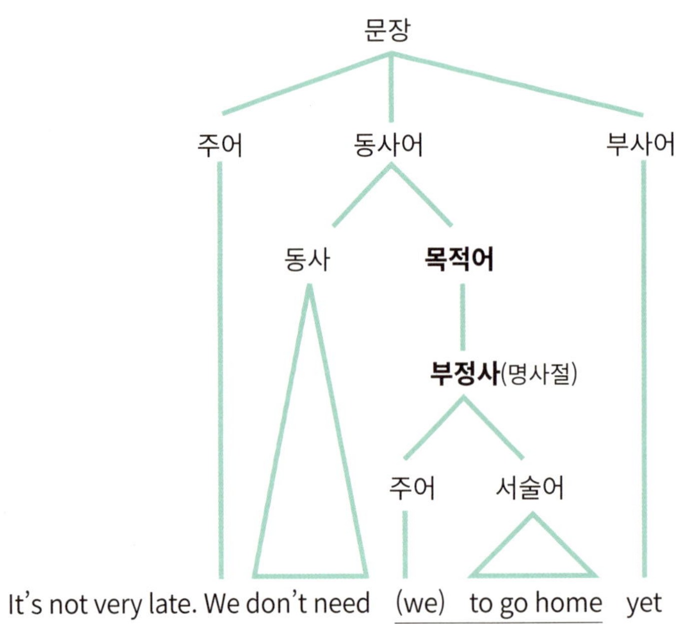

Tina decided to sell her house. 티나는 집을 팔기로 결정했다

What do you want to do tonight? 오늘 밤엔 무엇을 하기를 원하니?

첫 번째 예문에서 밑줄 친 부정사 to go home은 명사로 앞의 동사 need에 대해 목적어의 역할을 합니다. 그러나 동사는 항상 절의 개념을 구성하므로, to와 동사로 구성된 부정사

to go home은 명사절이라 하며 (we) to go home처럼 주어 we가 있는 것으로 가정하게 됩니다. 하지만 이 주어는 앞의 주절에 있는 동사 need의 주어 we와 같으므로 실제로는 생략하게 됩니다. 이때 생략된 we는 부정사의 '의미상의 주어'라고 합니다.

목적어의 역할(2)

부정사는 타동사의 목적어의 역할을 합니다. 이때 부정사의 주어는 주절의 간접목적어와 같습니다.

Sue asked a friend to lend her some money.

수는 친구에게 돈을 꾸어 줄 것을 요청했다

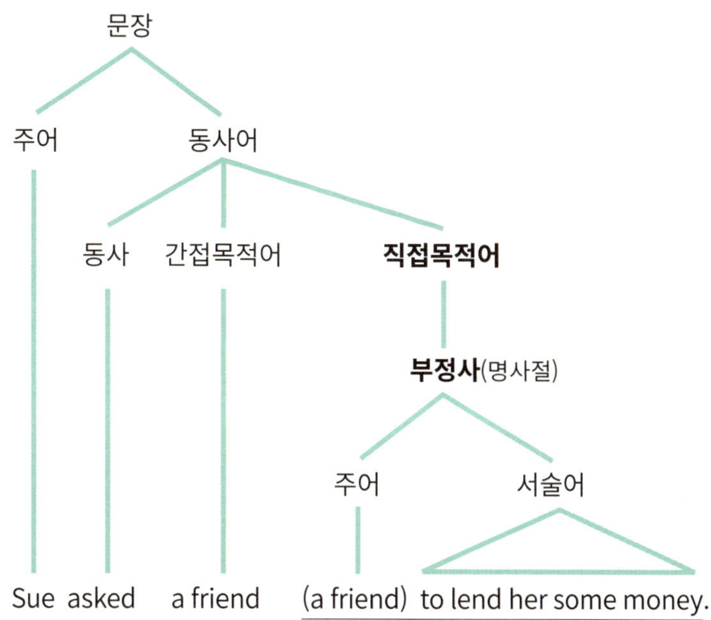

I didn't expect them to be here. 나는 그들이 여기에 올 것을 기대하지 않았다

We persuaded Eric to come with us. 우리는 에릭에게 우리와 같이 가자고 설득했다

첫 번째 예문에서 밑줄 친 부정사 to lend her some money는 명사절로 앞의 동사 ask에

대해 직접목적어의 역할을 합니다. 그리고 (a friend) to lend her some money의 의미상의 주어는 a friend인데, a friend는 주절에 간접목적어로 이미 있으므로(Sue asked a friend ...) 생략을 해 줍니다.

참고로, 부정사에 to가 없는 경우도 있습니다. 즉, 사역동사(let, have, make)나 지각동사(see, hear, watch, feel)의 뒤에 오는 부정사에는 to가 사용되지 않습니다(예: He's very funny. He makes me **laugh**[그는 아주 익살맞은 사람이어서 나를 웃게 만든다], I saw Mike **read** the book[나는 마이크가 그 책을 읽는 것을 보았다]). 단, help의 경우 영국식에서는 to가 사용됩니다.

주어의 역할

부정사는 문장에서 주어의 역할을 할 수 있습니다.

To get up early in the morning is good for you.

= It's good for you to get up early in the morning.

아침에 일찍 일어나는 것은 당신의 건강에 좋다

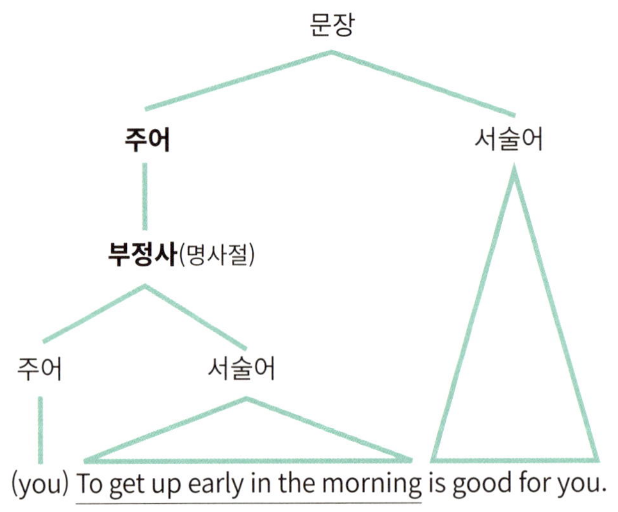

It's dangerous to go out alone. 혼자 외출하는 것은 위험하다

It's interesting to visit different places. 여러 지역을 둘러보는 것은 흥미로운 일이다

첫 번째 예문에서 부정사 To get up early in the morning은 명사절로서 주어의 역할을 하고 있습니다(**To get up early in the morning** is good for you). 그리고 부정사 (you) To get up early in the morning의 주어는 you인데, 이것은 주절에 이미 있으므로(for you의 형태로) 생략을 해 줍니다. 그런데 영어는 비교적 많은 단어로 이루어진 주어는 문장의 주어 자리에서 회피되는 경향이 있으므로 문장의 제일 뒤에 위치시키고 원래의 주어 자리에는 가주어 it을 놓아 줍니다(It's good for you to get up early in the morning).

보어의 역할(주격보어)

부정사는 문장에서 주격보어의 역할을 할 수 있습니다.

They seem to have plenty of money. 그들은 돈을 많이 가진 것처럼 보인다

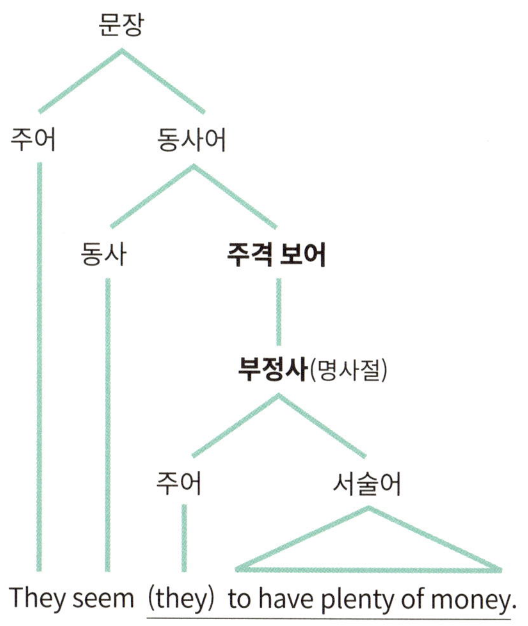

Ann pretended not to see me when she passed me on the street.

앤은 거리에서 내 옆을 지나가면서 나를 안 본 척했다

The most important thing in life is to do our best.

인생에서 가장 중요한 것은 최선을 다하는 것이다

첫 번째 문장에서 부정사 to have plenty of money는 주절의 주어 they의 의미를 보충해 주는 주격보어의 역할을 합니다. 그리고 부정사의 주어 they는 주절의 주어와 같아 생략이 됩니다. 참고로 부정사는 부정사 앞에 부정어 not을 놓아 부정의 의미임을 표시해 줍니다(not to see).

■_형용사절

부정사는 형용사와 같은 성질을 가지며 문장에서 수식어의 역할을 합니다.

수식어의 역할

I'm hungry. I want something to eat. 나는 배가 고파요. 먹을 것이 필요해요

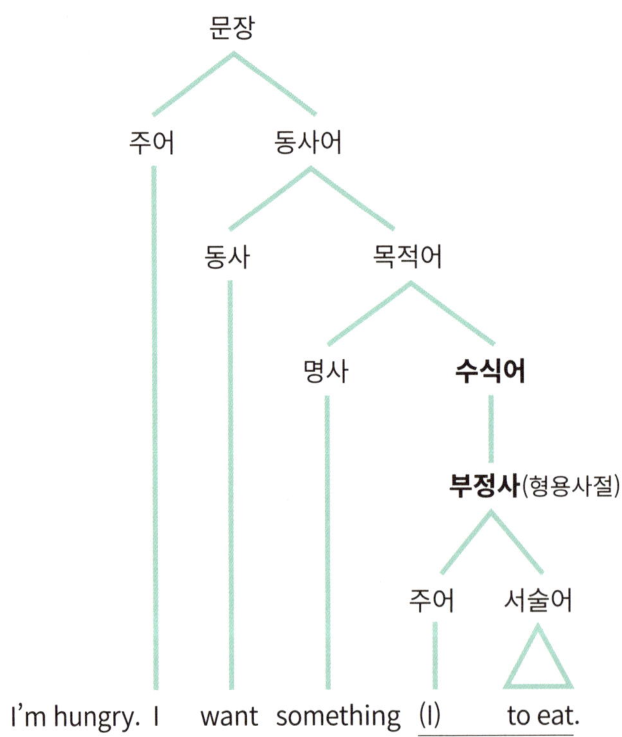

Tom doesn't have anybody to talk to. 톰은 이야기를 할 사람이 없다

He has no friend to play with. 그는 함께 놀 친구가 없다

부정사 (I) to eat은 앞의 명사를 수식해 줍니다. 그리고 부정사의 주어는 I인데, 이것은 주절의 주어 I와 같으므로 생략해 줍니다.

■_부사절

부정사는 부사와 같은 성질을 가지며 문장에서 부사어의 역할을 합니다.

목적(…하기 위하여)

부정사는 부사어의 역할을 할 수 있는데 목적의 의미로 가장 많이 사용됩니다.

I'd like to go to Mexico to learn Spanish. 나는 스페인어를 배우기 위하여 멕시코에 가고 싶다

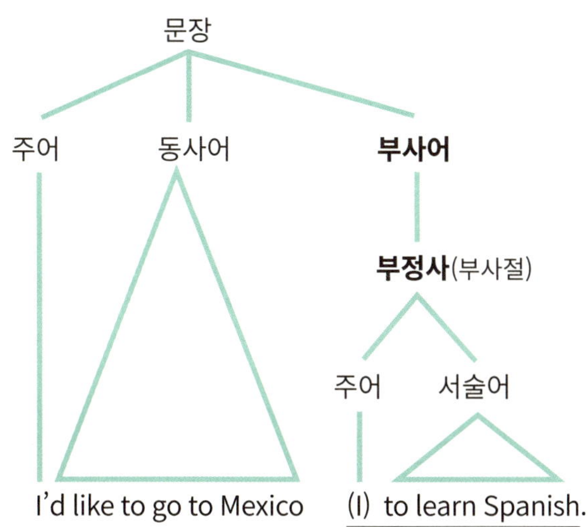

I went to the station to catch a train. 나는 기차를 타기 위하여 역에 갔다

We went to a restaurant to have dinner. 나는 저녁을 먹기 위하여 한 식당에 갔다

(I) to learn Spanish는 '스페인어를 공부하기 위하여'라는 목적의 의미를 갖습니다. 그리고 I를 주어로 갖는데 이것은 주절의 주어와 같으므로 생략합니다.

이유, 결과, 판단, 조건, 양보

부정사는 목적 이외에도 이유, 결과, 판단, 조건, 양보 등의 많은 의미를 갖습니다.

I'm delighted to see you. [이유]

나는 당신을 만나서 기쁩니다

She grew up to become a doctor. [결과]

그녀는 자라서 의사가 되었다

He must be a genius to solve the problem so easily.[판단]

이 문제를 이처럼 쉽게 푸니 그는 천재임에 틀림없다

I should be happy to go with you. [조건]

당신과 같이 갈 수 있다면 나는 행복할 것입니다

To do his best, he couldn't succeed. [양보]

그는 최선을 다했지만 성공할 수 없었다

부정사의 시제

부정사는 'to+동사의 기본형'인 단순 시제와 'to+have+동사의 과거분사형'인 완료 시제의 두 가지를 사용해 동사가 나타내는 행위의 발생 시간을 표시합니다. 하지만 부정사는 실제로는 시간을 나타내지 못하며 주절의 동사가 나타내는 시간에 의존합니다.

■_단순 시제

부정사의 시간이 주절의 시간과 일치합니다. 즉, 단순 시제 부정사는 주절의 시간을 그대로 갖습니다.

He seems to be ill. = It seems that he is ill.

그는 아픈 것처럼 보인다

He seemed to be ill. = It seemed that he was ill.

그는 아픈 것처럼 보였다

부정사 to be ill이 나타내는 시간은 주절의 동사가 나타내는 시간에 따라 다릅니다. 다시 말해, 첫 번째 예문에서는 부정사가 주절의 seems의 현재 시간을 그대로 갖게 되어 to be ill은 현재 아프다는 것이 됩니다. 그러나 두 번째 예문에서는 주절의 seemed가 나타내는 과거의 시간을 따라 과거에 아팠다는 의미를 갖게 됩니다.

■_완료 시제형

부정사가 나타내는 사건이 주절이 나타내는 사건보다 하나 앞선 시간을 갖습니다.

He seems to have been ill. = It seems that he was ill.

그는 아팠던 것처럼 보인다

완료형 부정사 to have been ill이 나타내는 시간은 주절의 동사 seem이 나타내는 현재 시간을 그대로 따르는 것이 아니라 현재보다 하나 앞선 과거 시간을 갖게 됩니다. 따라서 부정사가 나타내는 아프다는 사실은 '과거에 아팠다'는 것이 됩니다.

부정사의 주어 표시

부정사의 주어가 전치사 for나 of와 함께 사용된 경우(for them, of you 등)

부정사의 주어는 대부분 생략이 되는데 그것은 앞서 본 것처럼 주절의 주어나 간접목적어에 이미 있기 때문입니다.

They decided (they) to sell the house.

= They decided to sell the house.

그들은 집을 팔기로 결정하였다

Sue asked **a friend** (a friend) to lend her some money.

= Sue asked a friend to lend her some money.

수는 친구에게 얼마간의 돈을 빌려달라고 요청하였다

그러나 부정사의 주어가 주절의 주어나 목적어에 없을 경우에는 부정사의 주어를 표시해 줍니다. 주절에 easy, difficult, important 등이 사용된 구문에서는 전치사 for를 동반합니다.

It's difficult for me to understand her.

나는 그녀를 이해하기가 어렵습니다

그리고 nice, foolish 등과 같이 사람의 성질을 나타내는 형용사가 사용된 구문에서는 전치사 of를 사용하게 됩니다.

It was nice of you to take me to the airport. Thank you very much.

저를 공항에까지 태워 주시니 너무 친절했습니다. 정말 감사합니다

EXERCISE — 8

1__ 다음 밑줄 친 부정사의 종류는 무엇입니까?

1) I am busy. I haven't got time to talk to you.

☐ 명사절 ☐ 형용사절 ☐ 부사절

2) Brian was sick. I advised him to see the doctor.

☐ 명사절 ☐ 형용사절 ☐ 부사절

3) I went to the store to buy a newspaper.

☐ 명사절 ☐ 형용사절 ☐ 부사절

4) I learned to swim when I was five years old.

☐ 명사절 ☐ 형용사절 ☐ 부사절

5) Dave was sleeping. I knocked on his door to wake him up.

☐ 명사절 ☐ 형용사절 ☐ 부사절

2__ 다음의 문장을 해석해 보세요.

1) Linda had a lot of luggage. She asked me to help her.

____

2) I went for a walk by the river to get some fresh air.

____

3) It's hard to find a place to park downtown.

____

3__ 주어진 단어를 이용하여 우리의 글을 영어로 옮겨 보세요. (단어가 두 번 사용될 수도 있습니다)

1) 나는 텔레비전을 볼 시간이 없습니다. ▶ watch, have, television, to, time

I don't ________ ________ ________ ________ ________.

2) 나는 피곤해서 자러 가고 싶습니다. ▶ bed, go, to, want

I'm tired. I ________ ________ ________ ________ ________.

3) 나는 음식을 사기 위하여 슈퍼마켓에 갔다. ▶ the, buy, to

I went ________ ________ supermarket ________ ________ some food.

4__ 보기 중에서 빈칸 안에 들어갈 알맞은 말이나 틀린 곳을 하나 고르세요.

1) Because the computer had not been purchased at an authorized dealer, the manufacturer refused to ________ the defective component with a new one.

(a) replacing (b) replace (c) having replaced (d) replaced

2) The ability writing music(a) has(b) nothing to do(c) with being(d) a good musician.

3) The system has helped make it possible ________ consumers to buy goods and services with confidence.

(a) of (b) for (c) from (d) if

02 분사

분사의 정의

분사란 동사의 기본형에 -ing가 붙는 현재분사(a sleeping baby)와 동사의 과거분사형이 붙는 과거분사(baked potatoes)의 두 종류가 있는데, 동사의 성격을 가지면서 동시에 형용사나 부사처럼 사용됩니다. 분사는 부정사처럼 그 자체로 동사의 성질을 가지고 있기에 주어와 목적어를 취하여 절을 구성합니다. 그리고 분사 역시 부정사처럼 인칭과 수, 시제에 상관없이 모양이 변하지 않기에 비정형 동사로 불립니다. 우리말에서는 동사에 동사 어미 '-는/-ㄴ'이 결합된 형태를 분사라고 볼 수 있습니다(자고 있는, 구워진).

분사의 종류와 역할

■_현재분사

현재분사는 -ing의 형태를 가지며 문장에서 명사를 수식해 주는 수식어의 역할을 하거나 주어나 목적어의 의미를 보충해 주는 보어의 역할을 합니다. 나아가 시간, 이유, 조건과 같은 의미를 제공해 주는 부사어의 역할도 합니다. 그리고 현재분사는 능동과 진행의 의미를 갖습니다.

▪ 수식어의 역할

현재분사는 형용사와 같은 성격을 가지며 명사를 꾸며 주는 수식어의 역할을 합니다. 동사만 갖는 간단한 형태는 형용사처럼 명사 앞에 위치하여 그 명사를 수식하지만 목적어나 부사어 등을 취하여 길이가 긴 형태는 명사 뒤에 위치하여 그 명사를 수식합니다.

명사 앞에 위치

a sleeping baby 자고 있는 아이

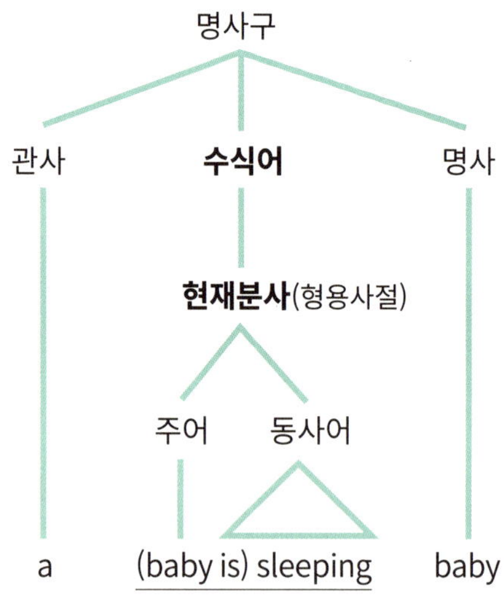

boiling water 끓고 있는 물

flying birds 날고 있는 새

첫 번째 예문에서 볼 수 있듯 sleeping은 명사 baby를 수식해 주는 현재분사로 '자고 있는' 이라는 능동과 진행의 의미를 갖습니다. 그리고 동사에서 온 것이므로 주어 baby를 포함하는 절의 개념을 구성합니다(baby is sleeping). 그러나 궁극적으로는 자신이 수식해 주는 뒤의 명사와 같으므로 주어 baby는 is와 함께 생략하게 됩니다.

명사 뒤에 위치

Do you know the woman talking to Tom?

당신은 톰에게 이야기하고 있는 여자를 아십니까?

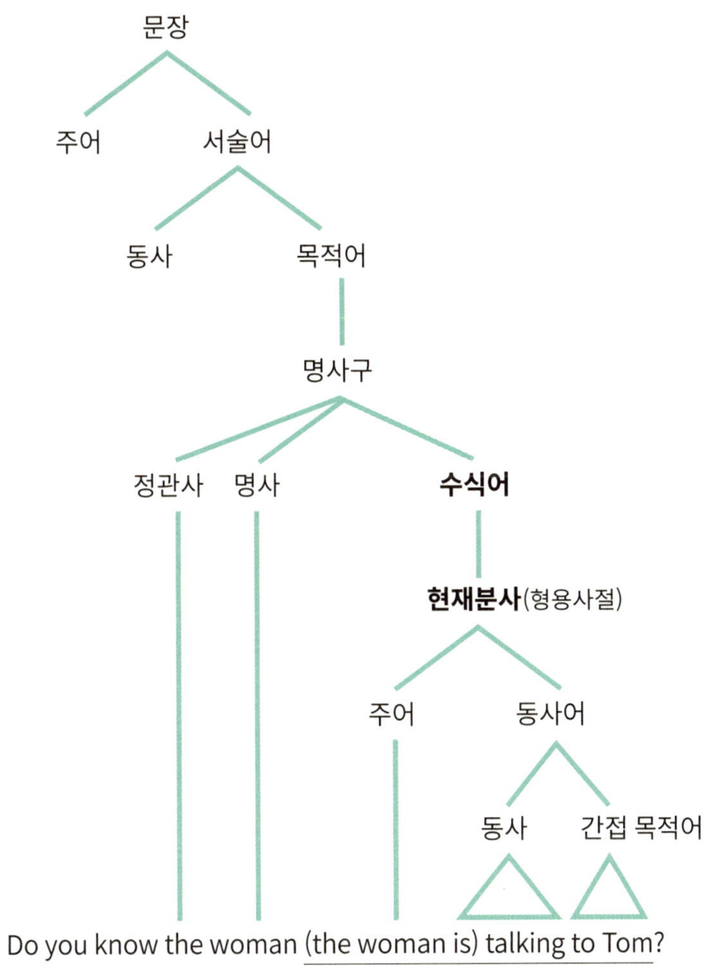

Who were those people waiting outside?

밖에서 기다리고 있는 사람들은 누구입니까?

There were some children swimming in the river.

강에서 수영을 하는 아이들이 몇 명 있었다

첫 번째 예문에서 talking to Tom(톰에게 이야기하고 있는)은 sleeping baby에서의 sleeping과 달리 to Tom이라는 전치사구를 포함하여 다소 무겁게 느껴집니다. 이 경우 talking to Tom은 자신이 수식해 주는 명사 뒤에 오게 됩니다. 관계절이 수식하는 명사 뒤에 오는 것과 같다고 할 수 있습니다.

▪ 보어의 역할

현재분사는 형용사처럼 주어나 목적어의 의미를 보충해 주는 보어의 역할을 할 수 있습니다.

주격보어

He remained standing there. 그는 여전히 거기에 서 있었다

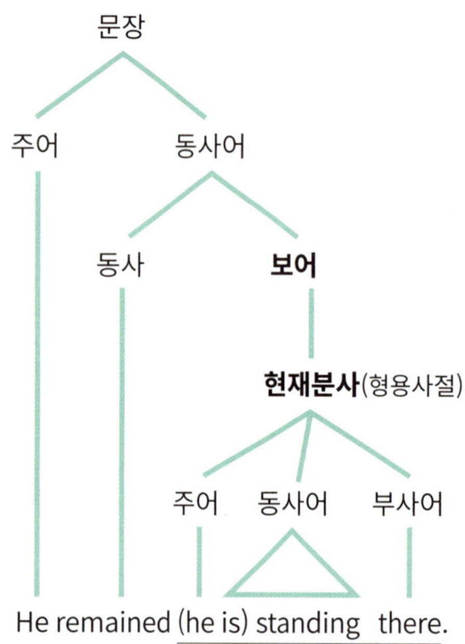

The baby kept sleeping all day long. 아이는 하루 종일 잠만 자고 있었다

My job is boring. 내가 하는 일은 좀 지루합니다

첫 번째 예문에서 현재분사 standing there는 remained 뒤에서 주어 he의 의미를 보충해 주는 주격보어로 사용되고 있습니다.

목적격보어

I left the doorbell ringing. 나는 현관 벨이 울리고 있는 것을 그냥 놔두었다

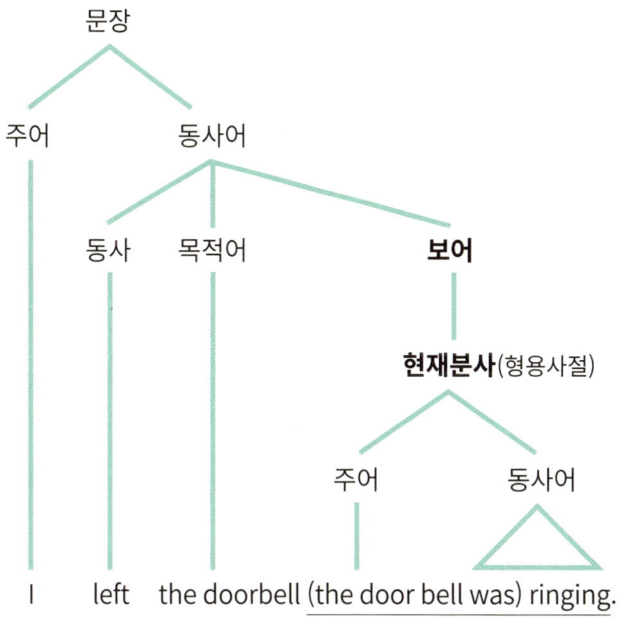

I saw the baby sleeping. 나는 아이가 자고 있는 것을 보았다

I could hear it raining. 나는 비가 내리고 있는 것을 들을 수 있었다

첫 번째 예문에서 현재분사 ringing은 목적어 doorbell의 의미를 보충해 주는 목적보어의 역할을 하고 있습니다. 이때 목적보어는 목적어의 뒤에 위치합니다.

▪ 부사어의 역할

현재분사는 부사의 성질을 가지며 문장에서 부사어의 역할을 할 수 있습니다. 보통 시간(…하다가, …하면서), 이유(…하여서), 조건(…한다면), 양보(…함에도 불구하고) 등의 의미를 갖습니다. 이 경우 특별히 현재분사 구문으로 불립니다.

Jim hurt his arm playing tennis. 그는 테니스를 치다가 팔을 다쳤다

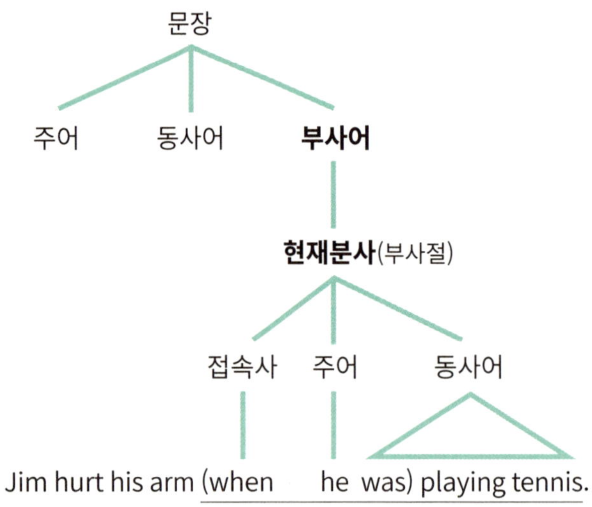

Not having a car, she finds it difficult to get around.

그녀는 차가 없기 때문에 돌아다니는 것이 어렵다는 것을 안다

Turning to the left, you will see the building.

왼쪽으로 돌면 그 건물을 볼 수 있을 것입니다

첫 번째 예문에서 현재분사 구문 playing tennis는 주절 Jim hurt his arm(팔을 다쳤다)의 발생 시간을 나타내는 부사어(when he was playing tennis, 테니스를 치다가)의 역할을 합니다. 두 번째 예문의 현재분사 구문 Not having a car는 주절 she find it difficult to get around(돌아다니는 것이 어렵다는 것을 안다)의 발생 이유를 나타내는 부사어(because she doesn't have a car, 차가 없기 때문에)의 역할을 합니다. 세 번째 예문에서는 현재분사 구문 Turning to the left가 주절 you will see the building(그 건물을 볼 수 있을 것입니다)의 발생 조건을 말해 주는 부사어(if you turn to the left, 왼쪽으로 돌면)의 역할을 해 주고 있습니다.

■_과거분사

과거분사는 동사의 과거분사형(-ed 또는 불규칙 형태)을 사용하며 현재분사와 마찬가지로 문

장에서 명사를 수식해 주는 수식어의 역할을 하거나 주어나 목적어의 의미를 보충해 주는 보어의 역할을 합니다. 나아가 시간, 이유, 조건과 같은 의미를 제공해 주는 부사어의 역할도 합니다. 그리고 이때 과거분사는 능동과 진행의 의미를 갖는 현재분사와 달리 수동과 완료의 의미를 갖습니다.

▪ 수식어의 역할

과거분사는 현재분사처럼 명사를 꾸며 주는 수식어의 역할을 합니다. 현재분사와 마찬가지로 동사만 갖는 간단한 형태는 형용사처럼 명사 앞에 위치하여 그 명사를 수식하지만 부사어 등을 취하여 길이가 긴 형태는 명사 뒤에 위치하여 그 명사를 수식해 줍니다.

명사 앞에 위치

baked potatoes 구워진 감자

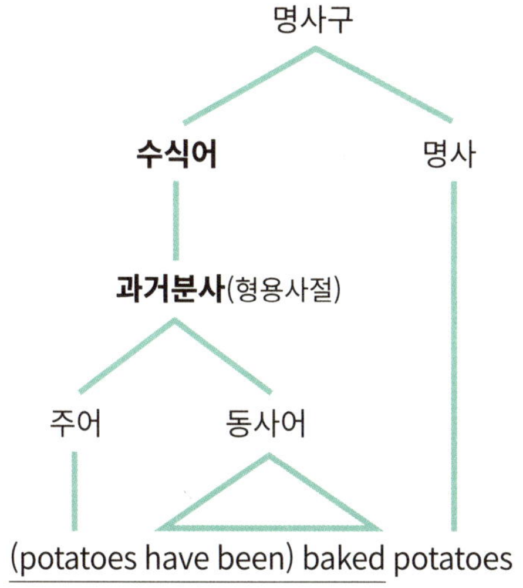

a broken arm 부러진 팔

a parked car 주차된 차

첫 번째 예문에서 볼 수 있듯 baked는 명사 potatoes를 수식해 주는 과거분사로 '구워진'이라는 수동과 완료(다 구워짐)의 의미를 갖습니다. 그리고 동사에서 온 것이므로 주어 potatoes를 포함하는 절의 개념을 구성합니다(potatoes have been baked). 그러나 주어는 수식해 주는 명사와 같으므로 주어 potatoes는 have와 함께 생략하게 됩니다.

The police never found the money stolen in the robbery.

경찰은 강도에게 강탈당한 돈을 결코 찾지 못했다

명사 뒤에 위치

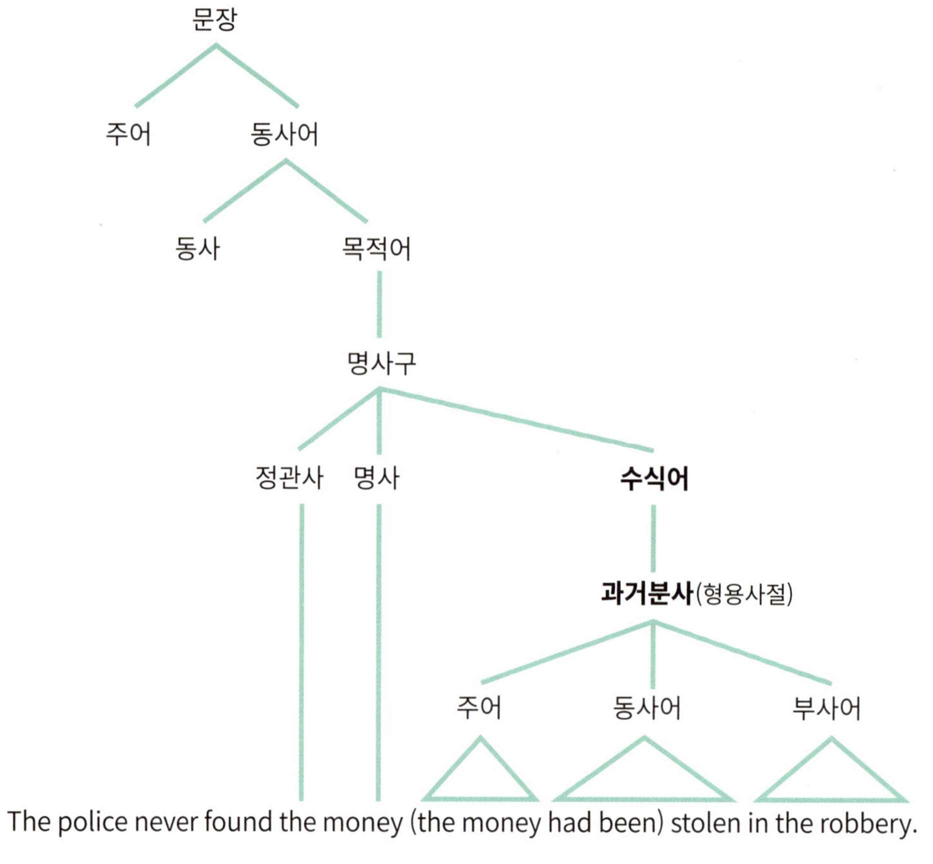

The girl injured in the accident was taken to the hospital.

사고에서 부상당한 소녀는 병원으로 실려 갔다

Most of the goods made in this factory are exported.

이 공장에서 만들어진 대부분의 제품은 수출이 된다

첫 번째 예문에서 과거분사 stolen in the robbery(강도에게 강탈당한)은 baked potatoes에

서의 baked와 달리 in the robbery라는 전치사구를 포함하여 다소 무겁습니다. 이 경우 stolen in the robbery는 자신이 수식해 주는 명사 뒤에 오게 됩니다.

▪ 보어의 역할

과거분사는 현재분사처럼 주어나 목적어의 의미를 보충해 주는 보어의 역할을 할 수 있습니다.

주격보어

She sat surrounded by her students.

그녀는 그녀의 학생들에 둘러싸여 앉아 있었다

I am always tired when I get home after work.

나는 직장이 끝나고 집에 오면 항상 피곤합니다

첫 번째 예문에서 과거분사 surrounded by her students는 sat 뒤에서 주어 she의 의미를 보충해 주는 주격보어로 사용되고 있습니다. 이때 그 의미는 '둘러싼'과 같은 능동이 아닌 '둘러싸인'이라는 수동의 의미를 갖고, 동시에 '지금 둘러싸이고 있는 중'이라는 진행이 아닌 '이미 둘러싸여 있는'이라는 완료의 의미를 갖게 됩니다.

목적격보어

I found my purse stolen. 나는 나의 지갑이 도둑맞은 것을 알았다

My job makes me depressed. 내가 하는 일은 나를 의기소침하게 만듭니다

첫 번째 예문에서 과거분사 stolen은 목적어 purse가 어떻게 되었는지(즉, 도둑맞았다)의 의미를 제공해 주는 목적보어의 역할을 하고 있습니다.

▪ 부사어의 역할

과거분사는 현재분사처럼 문장에서 이유, 시간, 양보 등을 나타내는 부사어의 역할을

합니다. 이 경우 과거분사 구문으로 불립니다. 과거 분사구문은 앞에 being이나 having been의 형태를 취하기도 합니다.

Impressed by Jo's work, the manager extended her contract for a year. [이유]

조의 일에 감동을 받았기 때문에 매니저는 그녀와 일 년을 더 계약 연장하였다

Being unemployed, he doesn't have much money. [이유]

고용이 되지 않았기 때문에 그는 돈이 많이 없다

첫 번째 예문에서 과거분사 impressed by Jo's work는 '조(Jo)의 일에 감동받았기 때문에(because he was impressed by Jo's work)'라는 이유를 나타내는 부사어의 역할을 합니다. 두 번째 예문은 과거분사 구문이 앞에 being을 취한 것을 보여 줍니다.

분사의 시제

분사도 부정사처럼 단순 시제와 완료 시제를 사용해 동사가 나타내는 사건의 시간을 나타냅니다. 하지만 부정사와 마찬가지로 분사 자체로는 실제 시간을 나타내지 못하고 주절의 동사가 나타내는 시간에 의존합니다. 분사의 시제는 주로 부사절로 사용되는 분사 구문과 연관됩니다.

■_단순 시제

단순 시제형의 현재분사와 과거분사가 나타내는 사건은 주절의 시간에 따릅니다.

Thinking they might be hungry, I offered them something to eat.

= Because I thought they might be hungry, I offered them something to eat. [단순 현재분사 구문]

그들이 배가 고프리라 생각했기 때문에 나는 그들에게 먹을 것을 주었다

Being tired, I went to bed early.

= Because I was tired, I went to bed early. [단순 과거분사 구문]

나는 피곤했기 때문에 일찍 잠자리에 들었다

단순 현재분사 구문 Thinking they might be hungry가 나타내는 시간은 주절의 동사 offered가 나타내는 과거의 시간을 그대로 갖게 되며 따라서 현재분사 구문이 나타내는 '내가 그들이 배가 고플 것이라고 생각하는 것'은 '과거에 그렇게 생각했다'라는 과거의 사건을 의미하게 됩니다. 마찬가지로 단순 과거분사 구문 Being tired가 나타내는 시간도 주절의 동사 went가 나타내는 과거의 시간을 따르게 되어 '내가 피곤했기 때문에'로 해석됩니다.

■_완료 시제

현재분사 구문과 과거분사 구문은 완료 시제형을 가질 수 있는데, 이때의 형태는 각각 'having+동사의 과거분사형'과 'having been+동사의 과거분사형'을 갖게 됩니다. 이때 분사 구문의 시간은 주절의 시간보다 하나 앞섭니다.

Having traveled a lot, Sarah knows a lot about other countries.

= Because she traveled a lot, Sarah knows a lot about other countries. [완료 현재분사 구문]

세라는 많은 곳을 여행했기 때문에 다른 나라에 대해 많이 알고 있다

Having been invited to the party, we could hardly refuse to go.

= Because we had been invited to the party, we couldn't hardly refuse to go. [완료 과거분사 구문]

파티에 초대를 받았었기 때문에 우리는 가지 않을 수 없었다

완료 현재분사 구문 having travelled a lot은 주절의 현재 시간에 하나 앞서는 과거의 시간을 갖게 되어 '과거에 많은 곳을 여행을 했기 때문에'를 의미하게 됩니다. 그리고 완료 과거분사 구문 having been invited to the party도 주절의 과거 시간에 하나 앞서는 대과거의 시간을 갖게 되어 '파티에 초대를 받았었기 때문에'로 해석해 줍니다.

분사 구문의 주어 표시

분사 구문의 경우에도 주어가 자주 생략되는데 그것은 주절의 주어와 같기 때문입니다. 즉, 분사 구문의 시간이 따로 표시되지 않고 주절의 시간에 따르듯이 분사 구문의 주어도 주절의 주어에 따르게 됩니다. 하지만 분사 구문의 주어가 주절의 주어와 다르면 주어를 분사 구문 앞에 명시해 놓습니다.

Mom being tired, I canceled my birthday party.

= Because Mom was tired, I canceled my birthday party.

엄마가 피곤하셔서 나는 내 생일 파티를 취소했다

It having rained all the night, the road was muddy.

= Because it had rained a lot, the road was muddy.

비가 밤새도록 왔었기 때문에 진흙탕 길이 되었다

첫 번째 예문에서 생일 파티를 취소한 사람은 나인데, 피곤한 사람은 엄마여서 주절과 분사 구문의 주어가 서로 다르므로 분사 구문의 주어 Mom은 반드시 표기가 되어야 합니다. 그렇지 않으면 Being tired, I cancelled my birthday party가 되어 '나는 내가 피곤해서 내 생일 파티를 취소했다'라는 의미를 갖게 됩니다. 두 번째 예문에서도 현재분사 구문의 날씨를 나타내는 가주어 It은 주절의 주어 the road와 같지 않으므로 생략할 수 없습니다.

03 동명사

동명사의 정의

동명사란 분사처럼 동사의 기본형에 -ing가 붙은 것을 말하는데 명사(…하는 것)의 성격을 갖습니다. 하지만 본래의 동사가 갖는 성격도 유지합니다. 동명사는 명사의 성격을 갖기에 문장에서 주어, 목적어, 보어로 사용이 됩니다. 그리고 동사의 성질을 가지고 있기에 부정사나 분사처럼 주어와 목적어를 취하여 절을 구성할 수 있습니다. 그러나 복합명사를 구성할 때는 형용사처럼 사용되어 수식어의 역할을 하게 됩니다.

동명사의 종류와 역할

■_형용사 수식어

동명사가 다른 명사 앞에서 사용이 되면 복합명사를 구성합니다. 이때 동명사는 마치 형용사처럼 뒤의 명사를 수식해 주는 역할을 하는데 이때는 목적이나 용도의 의미를 갖습니다.

a sleeping car 침대차/잠을 자기 위한 차 [동명사]

cf. a sleeping baby 잠을 자고 있는 아이 [현재분사]

a waiting room 대합실/기다리는 곳으로 사용되는 방 [동명사]

cf. a waiting lady 기다리고 있는 부인 [현재분사]

sleeping car는 복합명사인데 이때 동명사 sleeping은 car의 '잠을 자기 위한' 목적이나 용도를 나타내 주어 전체의 의미가 침대차가 되게 합니다. 그러나 같은 sleeping이지만 현재분사로 사용된 sleeping baby에서는 '자고 있는'이라는 의미를 나타내게 됩니다.

■_명사

동명사는 명사의 성격을 가지고 문장에서 목적어, 주어, 보어의 역할을 합니다. 부정사나 분사처럼 동명사의 주어도 주절의 주어나 목적어와 같기 때문에 대부분의 경우 생략하게 됩니다.

목적어의 역할

Would you mind closing the door? 문 좀 닫아 주시겠습니까?

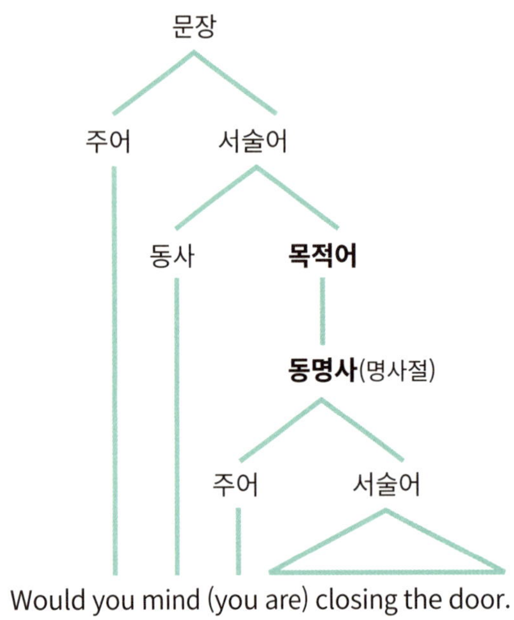

I enjoy dancing. 나는 춤추는 것을 좋아한다

Sonia suggested going to the movies. 소니아는 영화 보러 갈 것을 제안했습니다

첫 번째 예문에서 밑줄 친 closing the door는 명사로 앞의 동사 mind에 대해 목적어의 역할을 합니다. 즉, 직역을 하자면 '당신은 문을 닫는 것을 꺼리십니까?'의 의미를 갖게 됩니다. 그리고 동명사 closing은 동사의 성격을 유지하여 의미상 절의 구조를 구성할 수 있으므로 (you are) closing the door처럼 앞에 주어를 놓을 수 있습니다. 하지만 이것은 주절의 주어

you와 같으므로 생략하게 됩니다.

주어의 역할

동명사는 문장에서 주어의 역할을 합니다.

Learning languages are very useful. 언어를 배우는 것은 유용한 일이다

Getting up early in the morning is good for the health.
아침에 일찍 일어나는 것은 건강에 좋다

첫 번째 예문에서 동명사 Learning은 뒤에 목적어 languages를 취하여(원래의 타동사의 성격을 유지하고 있으므로 목적어를 취할 수 있습니다) 주절 are very useful에서 주어 역할을 하고 있습니다.

보어의 역할

동명사는 문장에서 보어의 역할을 합니다.

My hobby is watching movies. 나의 취미는 영화를 보는 것이다

My next plan is learning Chinese. 나의 다음 계획은 중국어를 배우는 것이다

첫 번째 예문에서 동명사 watching은 뒤에 목적어 movies를 취하여 주어 my hobby가 무엇인지를 말해 주는 주격보어의 역할을 합니다.

동명사의 주어 표시

동명사의 주어가 주절의 주어와 다르면 그 주어를 동명사 앞에 명시해 주어야 하는데, 주로 소유격을 사용합니다. 그러나 회화체에서는 목적격을 쓰기도 합니다.

Would you mind my closing the window?

제가 문을 닫아도 되겠습니까?

I can't imagine George riding a motorbike.

나는 조지가 오토바이를 탄다는 것을 상상할 수 없다

I don't understand them complaining about their salary.

나는 그들이 자기들의 봉급에 대해 불평하는 것을 이해할 수 없다

첫 번째 예문에서 동명사의 주어는 주절의 주어와 서로 다르므로 동명사에 대한 주어 표시로 소유격 my를 사용합니다(my closing the window). 나머지 예문에서도 동명사의 주어는 주절의 주어와 다르므로 동명사에 주어를 표시해 주는데 이때는 모두 목적격이 사용되고 있습니다(George riding a motorbike, them complaining about their salary).

동명사와 부정사의 차이

보통 동명사는 주절의 시간보다 과거의 시간이나 주절의 시간과 거의 같은 시간을 나타내며, 부정사는 주절의 시간보다 더 미래의 시간의 사건을 나타냅니다.

I remember doing something. vs. Please, remember to mail the letter.

나는 내가 무슨 일을 했던 것을 기억합니다 — 편지 부치는 일 잊지 마세요

동명사 doing something은 주절의 현재 시간보다 조금 이전의 시간을 나타내는데(과거에 무슨 일을 했던 것), 반면에 부정사 to mail the letter는 주절의 현재 시간보다 조금 미래의 시간을 나타냅니다(편지 부칠 것을).

동사 중에는 동명사나 부정사만을 목적어로 취하는 것들이 있습니다.

동명사만을 목적어로 취하는 동사

finish, avoid, consider, admit, quit, postpone, delay, imagine, deny 등

She quitted working in the department store.

그녀는 백화점에서 일하는 것을 그만두었다

Robbers masked themselves to avoid being identified.

강도들은 자신들의 정체가 드러나는 것을 피하려고 가면을 썼다

부정사만을 목적어로 취하는 동사

want, hope, plan, intend, expect, promise, agree, refuse, prefer, decide 등

What do you want to do tomorrow? 내일 무엇을 하기를 원합니까?

If possible, I want to avoid alcohol. 가능하면 나는 술을 마시지 않으려 한다

한편 어떤 동사들은 동명사와 부정사를 둘 다 취하기도 합니다.

동명사와 부정사를 둘 다 취하는 동사

remember, forget, regret, try, begin, continue, start, like, love, prefer 등

동명사와 부정사를 둘 다 취하는 동사 중에 begin, start, continue, bother와 같은 동사는 동명사와 부정사 사이에 의미 차이를 주지 않는 경우도 있습니다.

The rain continued falling all afternoon. 비가 오후 내내 계속 내렸다

The rain continued to fall all afternoon. 비가 오후 내내 계속 내렸다

동사 continued는 동명사와 부정사를 모두 목적어로 취하는데, 둘 다 주절의 시간과 같은 과거의 시간을 나타내고 있습니다.

EXERCISE —— 9

1__ 다음 밑줄 친 부분의 문법적 명칭과 문장에서의 역할이 맞게 짝지어진 곳에 표시하세요.

1) a sewing machine

☐ 분사, 수식어 ☐ 분사, 부사어 ☐ 동명사, 수식어 ☐ 동명사, 주어

2) I don't mind getting up early.

☐ 분사, 수식어 ☐ 분사, 부사어 ☐ 동명사, 주어 ☐ 동명사, 목적어

3) Do something. Don't stand there doing nothing!

☐ 분사, 수식어 ☐ 분사, 부사어 ☐ 동명사, 보어 ☐ 동명사, 목적어

4) My hobby is gardening.

☐ 분사, 수식어 ☐ 분사, 부사어 ☐ 동명사, 주어 ☐ 동명사, 보어

5) The road connecting two towns is very narrow.

☐ 분사, 수식어 ☐ 분사, 부사어 ☐ 동명사, 수식어 ☐ 동명사, 주어

2__ 다음의 문장을 해석해 보세요.

1) Some of the people invited to the party can't come.

____

2) Having already seen the movie twice, I didn't want to go to the movies.

____

3) Could you please stop making so much noise?

____

3__ 주어진 단어를 이용하여 우리의 글을 영어로 옮겨 보세요. (단어가 두 번 사용될 수도 있음)

1) 그녀는 아주 재미있는 사람이다. 나는 언제나 그녀와 이야기하는 것을 즐긴다.

▶ her, talking, interesting

She's a very ________ person. I always enjoy ________ to ________.

2) 기차는 만원이었다. 여행하는 사람이 너무 많이 있었다. ▶ a lot of people, there, traveling, full

The train was ________. ________ were _______ _______ _______ _______ _______.

3) 나는 그의 주소를 몰랐기 때문에 그와 연락할 수 없었다. ▶ knowing, not, contact

________ ________ his address, I wasn't able to ________ him.

4__ 보기 중에서 빈칸 안에 들어갈 알맞은 말을 하나 고르세요.

1) Approximately 15% of highway drivers ___________ were found to be incapable of distinguishing between 55 and 80 mpr.

(a) surveyor (b) surveyed (c) survey (d) surveying

2) The celebration of the opening of our new shop will be really __________ .

(a) exciting (b) excited (c) excitement (d) excite

3) After ________ for weeks to reach an agreement, the two sides finally managed to come to a mutually beneficial conclusion.

(a) labor (b) labored (c) to labor (d) laboring

4) _________ good organizational skills is a key ingredient for success.

(a) Develop (b) Developed (c) Developing (d) Development

VI

문장의 변형

영어의 문장에서 가장 기본이 되는 문장은 사실을 그대로 진술해 주는 평서문입니다. 평서문은 '주어-동사'의 구조를 가지며 '누가 무엇을 하다'라는 의미를 갖습니다.

She is a dancer. 그녀는 댄서이다

She dances well. 그녀는 춤을 잘 춘다

첫 번째 예문에서는 주어 She와 be 동사 is가, 두 번째 예문에서는 주어 She와 일반 동사 dances가 '주어-동사'의 구조를 가지고 있기 때문에 모두 평서문에 해당한다고 할 수 있습니다. 그러나 이러한 기본적인 문장 구조에 때로 변형이 일어나는데, 묻거나, 부정하거나, 또는 간략히 말할 때가 그러합니다.

01 의문문

be 동사, have 동사, will 등의 조동사가 있는 문장의 의문문

평서문에 be 동사(am/are/is 등), have 동사(완료형 구문의 have/has 등), 조동사(will, can, may 등)가 있을 때에는 이들을 주어 앞에 옮겨 놓으면 의문문이 됩니다. 그 결과 동사가 주어 앞에 위치한 '동사-주어'의 구조를 갖게 됩니다.

Am I late? 제가 늦었습니까?

평서문	I am late.	[주어-동사]	제가 늦었습니다
변형	______ I **am** late		
의문문	Am I late?	[동사-주어]	제가 늦었습니까?

위의 도식은 평서문에서 주어 뒤에 위치한 be 동사 am이 주어 I 앞으로 이동하여 의문문이 되는 것을 보여 줍니다.

Have you been to Japan? 일본에 가 본 적이 있습니까?

Can Paula swim? 폴라는 수영을 할 수 있습니까?

첫 번째 예문은 You have been to Japan의 평서문에서 have 동사 have가 주어 앞으로 이동하고, 두 번째 예문은 Paula can swim의 평서문에서 조동사 can이 주어 앞으로 이동하여 생성된 의문문을 보여 줍니다.

평서문에 what, when, where, why 등의 의문사가 있는 경우에는 의문사가 문장의 가장 앞으로 이동하고, 다음으로는 동사가 주어 앞으로 이동하여 '의문사-동사-주어'의 구조를 갖게 됩니다.

Why was she angry? 그녀는 왜 화가 났어요?

평서문	She was angry why.	[주어-동사-의문사]
변형 1	______ She was angry **why**	
변형 2	Why ______ She **was** angry	
의문문	Why was she angry?	[의문사-동사-주어]

위의 도식은 평서문에서 문장의 가장 뒤에 있던 의문사 why가(why는 부사로 보통 문장의 뒤에 위치함) 문장의 제일 앞으로 이동하고, 다음으로 be 동사 was가 주어 she 앞으로 이동하여 의문문이 되는 것을 보여 줍니다. 참고로, She was angry why와 같은 평서문은 실제 존재하지 않는데 의문문을 만드는 방법을 설명하기 위해 사용된 것입니다. 문법 이론에서 이러한 문장 구조를 기저 구조라고 부릅니다.

Where has David gone? 데이비드는 어디에 갔어요?

When will they be here? 그들은 언제 여기에 옵니까?

위의 예문은 의문사 where와 when이 문장의 제일 앞으로 이동하고 다음으로 have 동사

has와 조동사 will이 주어 앞으로 이동하여 생성된 의문문을 보여 줍니다.

일반 동사가 있는 문장의 의문문

평서문에 일반 동사(go, live, meet 등)가 있을 때에는 do 동사(do/does 등)를 주어 앞에 넣어 주면 의문문이 되고, 'do 동사-주어-동사'의 문장 구조를 갖습니다.

Do they work hard? 그들은 열심히 일을 합니까?

평서문 They work hard. [주어-동사]

변형 ______ They work hard
do

의문문 Do they work hard? [do 동사-주어-동사]

평서문에 일반 동사 work가 있으므로 do 동사가 문장 앞에 추가되어 의문문이 됩니다. 이때 일반 동사는 주어 앞으로 이동하지 않고 원래의 자리에 그대로 있습니다. 아래의 예문들도 do 동사가 삽입되어 생성된 의문문을 보여 줍니다.

Does Chris have a car? 크리스는 차를 가지고 있습니까?

Did they work hard? 그들은 열심히 일을 했습니까?

Did you enjoy the movie? 영화 재미있게 보셨어요?

what, when, where, why 등의 의문사가 있는 경우는 의문사를 문장의 제일 앞으로 이동시키고 do 동사를 주어 앞에 넣어 줍니다. 그 결과 '의문사-do 동사-주어-동사'의 구조를 갖습니다.

What time does she get up? 그녀는 몇 시에 일어납니까?

평서문 She gets up what time. [주어-동사-의문사]

변형 1 ________ she gets up **what time**

변형 2 what time ______ she gets up
does

의문문 What time does she get up? [의문사- do 동사-주어]

첫 번째 변형에서는 의문사 what time이 문장의 제일 앞으로 이동하고 두 번째 변형에서는 do 동사 does가 주어 she 앞에 추가되어 의문문이 생성됩니다. 아래의 예문들 역시 의문사의 이동과 do 동사의 추가로 이루어진 의문문을 보여 줍니다.

What did you have for dinner? 당신은 저녁으로 무엇을 먹었습니까?

How often do you watch television? 당신은 얼마나 자주 텔레비전을 봅니까?

What do you usually do on weekends? 당신은 주말에 보통 무엇을 하십니까?

일반 동사(go, live, meet 등)가 있는 문장인데 do 동사(do, does 등)를 넣지 않는 의문문

평서문에서 의문사가 주어인 경우는 do 동사의 삽입 없이 의문문이 됩니다. 그리고 '의문사(주어)-동사'의 문장 구조를 갖습니다.

Who saw Paul? – Sylvia. 누가 폴을 보았습니까? – 실비아가 보았습니다

평서문 Who saw Paul. [의문사(주어)-동사]

변형 Who saw Paul [변형이 일어나지 않음]

의문문 Who saw Paul? [의문사(주어)-동사]

평서문에서 의문사 who는 동시에 주어도 되는데, 이 의문사는 이미 문장의 가장 앞에 있으므로 더 이상 앞으로 이동하지 않습니다. 그리고 동사는 일반 동사 saw이기에 보통의 의문문에서는 do 동사가 주어 앞에 추가되어야 하지만 그 주어가 문장의 가장 앞에 위치한 의문사 who이기에 do 동사라 할지라도 그 앞으로 올 수 없다고 생각할 수 있습니다(의문문은 항상 '의문사-do 동사'의 순서를 유지). 아래는 의문사가 주어인 다른 예들을 보여 줍니다.

What happened? 무슨 일이 있었습니까?

Who has got my car keys? 누가 내 차 열쇠를 가지고 있습니까?

그러나 의문사가 주어가 아닌 직접목적어나 간접목적어, 부사어 등인 경우에는 의문사를 문장의 가장 앞으로 이동시키고 주어 앞에 do 동사를 넣어 줍니다.

Who did Sylvia see? – Paul. 실비아는 누구를 보았습니까? – 폴입니다

평서문 Sylvia saw who. [주어-동사-의문사(목적어)]

변형 1 ______ Sylvia saw **who**

변형 2 who ______ Sylvia saw
did

의문문 Who did Sylvia see? [의문사(목적어)-do 동사-주어-동사]

평서문에서 의문사 who는 주어가 아닌 직접목적어이므로 문장의 맨 앞으로 이동합니다. 그리고 동사가 일반 동사이므로 do 동사 did를 주어 앞에 삽입합니다. Who saw Paul?에서와 달리 주어가 의문사 who가 아닌 Sylvia이기에 do 동사가 주어 앞으로 이동할 수 있는 것입니다. 이때 의문사의 구조는 앞서의 의문사가 주어로 사용된 것과 달리 '의문사-do 동사-주어-동사'의 구조를 갖게 됩니다. 아래의 예문들은 같은 구조를 갖는 의문문을 보여 줍니다.

What do you want to talk about? 무엇에 관해 이야기하기를 원합니까?
When did you do the shopping? 언제 당신은 쇼핑을 했습니까?

우리말의 평서문도 영어처럼 '주어-동사'의 구조를 가지나 영어와 달리 의문문에서는 동사가 주어 앞으로 이동하지 않고(대신 동사에 '-니'와 같은 의문문을 나타내는 동사 어미가 붙음) 그냥 주어 뒤에 위치합니다(영수는 학교에 갔**니**?). 언어 발달에서 영어의 의문문은 맨 처음에는 평서문의 형태로 끝부분을 올려 의문문을 사용하나(See hole? I ride train?) 만 3세가 지나 조동사를 사용되게 되면서는 '동사-주어'의 구조를 갖는 의문문을 사용하기 시작합니다. 그러나 조동사를 반복해 잘못 사용하기도 합니다(**Can** he **can** look? **Did** you **did** came home?). 의문사가 있는 의문문의 경우에도 처음에는 do 동사나 조동사를 잘 사용하지 않고(Where that? Why you smiling?) 사용을 해도 주어 앞에 놓지 못합니다(What I did yesterday? Why you are smiling?). 나중에는 do 동사나 조동사를 잘 사용하게 되는데 이때에도 시제나 일치에서 실수를 범하는 경우가 종종 있습니다(**Did** I **caught** it? **Does** lions walk?). 영어의 의문문도 다른 구문들처럼 점차적으로 습득이 되며 학교에 갈 무렵에는 거의 완벽하게 사용할 수 있게 됩니다.

02 부정문

be 동사, have 동사, will 등의 조동사가 있는 문장의 부정문

긍정문에 be 동사(am/are/is 등), have 동사(완료형 구문의 have/has 등), 조동사(will, can, may 등)가 있을 때에는 이들 뒤에 부정을 나타내는 부사 not을 추가합니다. 그리고 not은 앞의 be 동사, have 동사, 조동사와 함께 축약이 될 수 있습니다.

It isn't raining. 비가 오고 있지 않다

긍정문	It is raining.	지금 비가 오고 있습니다
변형	It is ____ raining ← not	
부정문	It isn't raining. [is not → isn't]	지금 비가 오지 않습니다

It is raining의 문장은 be 동사가 있으므로 이 동사 뒤에 부정부사(부정어) not을 놓아 부정의 의미를 만듭니다. 이때 be 동사와 not은 축약된 형태를 가질 수 있습니다(is+not → isn't).

I haven't finished my work. [have not → haven't] 나는 아직 일을 마치지 못했다

Eric can't drive. [can not → can't] 에릭은 운전을 할 줄 모른다

I couldn't sleep last night. [could not → couldn't] 나는 어제 저녁에 잘 수 없었다

위의 예문들은 have 동사인 have, 조동사인 can와 could 뒤에 부정어가 추가되어 부정문이 생성된 것을 보여 줍니다.

일반 동사가 있는 문장의 부정문

긍정문에 일반 동사(go, live, meet 등)가 있을 때에는 그 앞에 do 동사(do/does 등)를 부정을 나타내는 부사 not과 함께 넣습니다. 이때 not은 do 동사의 뒤에 위치시킵니다. not은 앞의 do 동사와 함께 축약이 될 수 있습니다.

I don't want to go out. 나는 외출하고 싶지 않다

평서문	I want to go out.
변형	I _____ _____ want to go out (← do) (← not)
부정문	I don't want to go out. [do not → don't]

위의 예문에는 일반 동사 want가 있으므로 문장을 부정하기 위해서는 do 동사와 함께 부정어 not을 사용합니다. 이 둘은 축약이 가능합니다(do+not → don't). 아래의 예문들도 일반 동사가 있는 문장의 부정문을 보여 줍니다.

Liz doesn't have a car. 리즈는 차를 가지고 있지 않다

I didn't get up early this morning. 나는 오늘 아침 일찍 일어나지 않았다

Diane didn't have dinner with us. 다이앤은 우리랑 같이 저녁을 하지 않았다

우리말에서는 부정을 나타내는 부사 '아니', '못'이 사용된 짧은 부정문과 동사 '않다',

'못하다'가 사용된 긴 부정문의 두 형태가 일반적인데(나는 숙제를 **안** 했다/하지 **않았다**) 긴 부정문이 짧은 부정문에 비해 좀 더 격식을 갖춘 문장이 됩니다. 언어 발달에서 영어의 부정문은 만 2세 정도가 지나면 사용되기 시작하는데 처음에는 부정어를 문장의 앞에 놓거나 부정어를 문장의 중간에 놓더라도 적절하게 사용하지 못하는 경우가 많습니다(**No** dog bite you, I **no** want book) 만 5세 무렵이 되면 아이들은 어른들처럼 부정문 사용이 가능하게 됩니다(I'm **not** singing a song. The dog **won't** bite you).

03 생략 구문

be 동사, have 동사, 조동사가 있는 문장에서의 생략

문장에서 반복해 나오는 말은 생략할 수 있습니다. 반복되는 부분이 be 동사, have 동사, 조동사를 포함하고 있으면 이들의 뒷부분부터 생략합니다. 이때 남은 be 동사, have 동사, 조동사는 생략된 부분까지를 포함한 의미를 갖게 됩니다. 이들은 결국 서술어 부분을 대신하여 사용되므로 '대동사(代動詞)'라고 불립니다.

She isn't tired, but he is. 그녀는 피곤하지 않으나 그는 피곤하다

생략 전 She isn't tired, but he **is tired**.

변형 She isn't tired, but he **is tired**

남겨짐 (is) 생략함 (tired)

생략 후 She isn't tired, but he is.

위의 예문의 두 번째 절에서 앞 절과 반복된 부분은 서술어 is tired인데, is를 제외한 나머지 tired를 생략해 줍니다. 이때 남은 be 동사 is는 is tired를 대신해 사용된 대동사가 됩니다.

I haven't seen the movie, but my sister has.

= She **has seen the movie**

나는 그 영화를 보지 않았다. 그러나 내 여동생은 그 영화를 보았다

Will Alan be here tomorrow? – No, he **won't**.

= No, he **will** not **be here tomorrow**

앨런은 내일 여기 있을까요? – 아니요, 여기 있지 않을 거예요

위의 예문들에서도 반복된 부분은 has seen the movie와 will be here tomorrow인데, 대동사의 역할을 하는 has와 will을 제외하고 나머지 seen the movie, be here tomorrow를 생략해 줍니다. 생략 후 남겨진 has와 will은 생략된 부분을 포함한 의미를 갖습니다(has seen the movie, will be here tomorrow). 생략이 이루어진 후 will은 부정을 나타내는 부사 not이 추가되어 will not(won't)이 생성됩니다.

일반 동사가 있는 문장에서의 생략

반복된 부분에 일반 동사가 있으면 일반 동사부터 생략이 됩니다. 그리고 생략된 자리에는 do 동사가 놓입니다. 이때 do 동사는 생략된 부분의 의미를 갖습니다.

I don't like hot weather, but Megan does.

나는 더운 날씨를 싫어합니다. 그러나 메건은 더운 날씨를 좋아합니다

생략 전	I don't like hot weather, but Megan **like hot weather**.
변형	I don't like hot weather, but Megan does (삽입됨) **like hot weather** (생략됨)
생략 후	I don't like hot weather, but Megan does.

반복되어 나오는 부분 like hot weather에 일반 동사 like가 있으므로 일반 동사부터 생략해 줍니다. 그리고 그 자리에 do 동사 does를 넣어 줍니다.

Megan works hard, but I don't.

= I don't **work hard**

메건은 열심히 일합니다만 나는 열심히 일하지 않습니다

She had a good time. – I did too.

= I **had a good time too**

그녀는 즐거운 시간을 가졌다 – 나도 또한 즐거운 시간을 가졌다

Did it rain yesterday? – No, it didn't.

= It didn't **rain yesterday**

어제 비가 왔습니까? – 아니요, 오지 않았습니다

차례로 반복된 부분 work hard, had a good time too, rained yesterday에 모두 일반 동사 work, had, rained가 있으므로 여기서부터 모두 생략해 줍니다. 참고로 생략될 때 시제는 함께 생략되지 않고 남겨졌다가 삽입되는 do 동사에 실현이 됩니다.

우리말에서 반복되는 명사는 대명사를 사용하는 영어와 달리 주로 생략하는데, 서술어의 경우에는 영어처럼 '그렇다, 그렇게 하다'라는 동사를 대동사처럼 사용하여 서술어를 대신해 사용합니다(사람들은 길게 줄을 섰지만 그는 그렇게 하지 않았다[길게 줄을 서지 않았다]).

EXERCISE —— 10

1__ 문장을 지시대로 바꾸어 보세요.

1) She's going out tonight. ▶ 의문문으로 만들어 보세요

→ ________ ________ ________ ________ tonight?

2) They need some money. ▶ 의문문으로 만들어 보세요

→ ________ ________ ________ ________ money?

3) It rained yesterday. ▶ 부정문으로 만들어 보세요

→ ________ ________ ________ yesterday.

4) My mother doesn't wear glasses, but my father wears glasses. ▶ 문장을 간략히 만들어 보세요

→ My mother doesn't wear glasses, but my father ________ .

2__ 다음의 문장을 해석해 보세요.

1) Was your car damaged in the accident?

____

2) Julia won't be here tomorrow. She's going away.

____

3) I don't have a video camera, but I know somebody who does.

____

3__ 주어진 단어를 이용하여 우리의 글을 영어로 옮겨 보세요.

1) 당신은 그 슈퍼마켓에서 무엇을 샀습니까? ▶ you, what, buy, did

________ ________ ________ ________ in the supermarket?

2) 나는 오늘 리사(Lisa)를 보지 못했습니다. ▶ haven't, Lisa, I

________ ________ seen ________ today.

3) 나는 텔레비전을 많이 보지 않는데 피터(Peter)는 많이 본다. ▶ does, much, Peter

I don't watch TV ________, but ________ ________.

4__ 보기 중에서 빈칸 안 에 들어갈 알맞은 말이나 틀린 곳을 하나 고르세요.

1) Upon your graduation from college, how well ________ for that kind of work you are opting for?

(a) you will prepare (b) will you prepare (c) will be prepared (d) prepared will you be

2) It seemed as if I hadn't scarcely(a) done anything worthwhile(b) with(c) my time, for(d) I failed three courses.

3) Mr. Andrews has not yet given me the receipts, but when he ________, I will mail them to you.

(a) gives (b) gives me the receipts (c) does (d) does me the receipts

VII

다양한 형태의 구문

01 수동태 구문

수동태 구문이란 주어에게 무슨 일이 일어나는지를 나타내 주는 것으로, 주어가 무엇을 하는지를 나타내는 능동태 구문과는 구별됩니다. 수동태 구문은 구조 면에서 능동태 구문과 비교가 되며 다양한 시제를 갖습니다.

수동태의 구문의 구조

능동태와 수동태 두 구문을 비교해 보면 수동태 구문의 주어는 능동태 구문의 목적어와 같고, 수동태 구문의 동사는 능동태 구문 동사의 과거분사형에 be 동사가 앞에 오는 형태를 하고 있습니다. 그리고 수동태 구문의 행위자는 능동태 구문의 주어와 일치하며 by에 의해 나타내집니다.

■_능동태 구문의 목적어가 수동태 구문에서는 주어가 됩니다

아래의 도식에서처럼 능동태 구문에서 동사의 뒤에 위치하여 동사의 행위를 받는 목적어가 수동태 구문에서는 주어가 되어 문장의 제일 앞에 놓이게 됩니다.

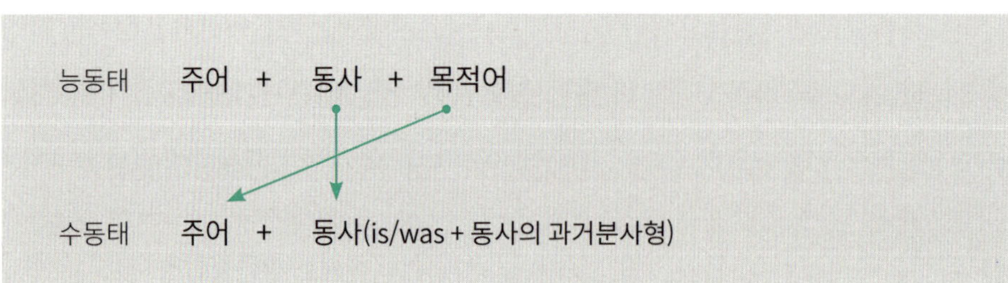

The house is cleaned every day. 집은 매일 청소된다

능동태 Someone cleans the house every day.

수동태 The house is cleaned every day.

능동태 구문의 목적어 the house는 동사 cleans의 동작을 받는 목적어로 청소 행위가 실행되는 대상을 나타내는데, 수동태 구문에서는 주어가 되어 문장의 제일 앞에 놓이고 동사 is cleaned에 의해 무슨 일이 일어나는지가 서술되어 있습니다(집이 매일 청소된다).

This building was built 100 years ago. 이 건물은 100년 전에 지어졌다

Stamps are sold in a post office. 우표는 우체국에서 팔린다

위의 두 예문도 수동태 구문으로 주어 this building과 stamps에게 각각 무슨 일이 일어났는지(즉, 지어졌음/팔림)를 말하고 있습니다.

참고로 주어는 항상 중요한데 왜냐면 모든 구문은 주어에 대해 말하기 때문입니다. 다시 말해, 문장의 가장 앞쪽에 있는 주어 자리는 문장에서 가장 중요한 '상석'이라 할 수 있습니다. 그런데 이제 주어가 아닌 목적어에 대해 말을 하려면 이 목적어를 주어 자리로 놓아야 하는 것입니다. 이것이 수동태 구문을 사용하는 이유라고 할 수 있습니다.

■_수동태 구문의 동사는 능동태 구문 동사의 과거분사에 be 동사가 앞에 오는 형태를 갖습니다

능동태 구문의 동사는 수동태 구문에서 'be 동사+동사의 과거분사형'의 형태로 모습이 바뀌게 됩니다. 이때 be 동사는 능동태의 시제를 따릅니다. 그러나 be 동사의 인칭과 수는 능동태의 주어가 아닌 수동태의 주어에 따라 정해지게 됩니다.

The house was cleaned every day. 집은 매일 청소되었다

능동태 Someone cleaned the house every day.

수동태 The house was cleaned every day.

능동태 구문 동사의 과거형 cleaned는 먼저 과거분사형 cleaned로 바뀝니다(clean-cleaned-**cleaned**). 그리고 여기에 be 동사가 더해지는데 이때의 be 동사는 능동태의 cleaned가 가지고 있던 과거 시제를 취하고 수동태 주어(the house)의 인칭과 수에 일치하는, 즉 3인칭 단수의 was가 되어야 합니다. 결국 능동태의 cleaned는 수동태에서 was cleaned가 됩니다.

우리말의 수동태 구문 역시 영어의 수동태처럼 능동태의 목적어를 문장의 앞부분으로 이동시키고 동사 부분에 수동의 의미를 표시해 주는데, 이때 동사에는 수동형 접사 '-이-, -히-, -리-, -기-'가 붙거나 '지다'가 붙게 됩니다(그 도둑은 어제 경찰에 의해 잡**히**었다/집 앞의 쓰레기가 치워졌다).

■_수동태 구문의 행위자는 능동태 구문의 주어와 같으며 by에 의해 나타내집니다

수동태 구문에서는 누가 행위를 했는지를 나타내는 행위자는 잘 알려져 있지 않거나 중요하지 않기 때문에 대개 표시가 되지 않습니다. 그러나 꼭 행위자를 나타내고자 할 때는 by를 사용해 표시합니다.

The telephone was invented in 1876. 전화기는 1876년에 발명되었다

위의 수동태 구문에서 전화를 발명한 사람, 즉 행위자는 중요하지 않기 때문에 표시가 되어 있지 않습니다. 그러나 누가 발명했는지의 행위자를 꼭 표시해야 하는 경우에는 전치사 by를 사용하여 by Alexander Graham Bell처럼 표시해 줍니다.

능동태 Alexander Graham Bell invented the telephone in 1876.

수동태 The telephone was invented by Alexander Graham Bell in 1876.

능동태 구문에서는 Alexander Graham Bell이 전화기를 발명한 사실이 중요하나 수동태 구문에서는 전화기가 발명된 사실이 더 중요하게 취급되고 있다는 것을 알 수 있습니다.

We were woken up by a loud noise. 우리는 시끄러운 소리 때문에 깨었다

My sister was bitten by a dog last week. 내 누이는 지난주에 개에게 물렸다

위의 수동태 구문에서 행위자는 by에 의해 표시된 a loud noise와 a dog가 됩니다.

수동태 구문의 시제

수동태 구문은 단순한 현재형, 과거형 외에 진행이나 완료형의 시제를 가질 수 있습니다.

■_진행 수동태 be+being+과거 분사형

진행 수동태는 수동태에 진행을 더한 것으로 그 의미도 수동과 진행을 결합한 것이 됩니다.

The door is being painted. 문이 지금 페인트칠해지고 있다

수동태	The door		is	+ painted (The door is painted)
+ 진행		is +	-ing	
= 진행 수동	The door	is	**being**	painted (The door is being painted)

수동태의 동사 is painted에 진행 is -ing를 더하면, 수동태의 is와 진행의 현재분사가 더해져 being이 되고(is+-ing → being), 이것은 수동태에서 남은 painted 및 진행에서 남은 is와 함께 is being painted가 됩니다. 그리고 그 의미는 '문에 페인트가 지금 칠해지고 있다'처럼 수동과 진행을 결합한 것이 됩니다.

I took the bus this morning. My car is being repaired.

나는 오늘 아침 버스를 탔다. 내 차는 지금 수리되고 있다

Some new houses are being built across from the park.

새로운 집이 몇 채 공원 맞은편에 지금 지어지고 있다

is being repaired도 수동의 is repaired와 진행의 is -ing가 결합된 것이고, are being built도 수동의 is built와 진행의 are -ing가 결합된 것임을 알 수 있습니다.

The door is being painted에서 is being painted의 시제를 빨리 파악하기 위해서는, 아래의 도식과 같이 처음 is being으로부터 이 문장이 현재진행 시제이고(be 동사+-ing), 다음 부분의 being painted로부터 수동태임(be 동사+과거분사)을 분석해 낸 후 이 둘을 더해(현재진행+수동) 현재진행 수동 시제임을 알아내면 됩니다.

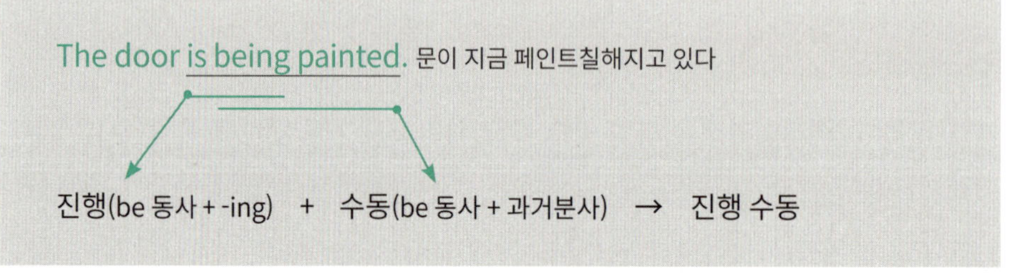

■_완료 수동태 have been+과거분사

완료 수동태는 수동태에 완료를 더한 것으로 그 의미도 수동과 완료를 결합한 것이 됩니다.

The door has been painted. 문이 페인트칠해졌다

수동태	The door		is	+ painted (The door is painted)
+ 완료		has +	과거분사	
= 완료 수동		has	**been**	painted (The door has been painted)

수동태의 동사 is painted에 완료 'have+과거분사'를 더하면 수동태의 is와 완료의 과거분사가 더해져 been이 되고, 이것은 수동태에서 남은 painted와 완료에서 남은 has와 함께 has been painted가 됩니다. 그리고 그 의미는 '문에 페인트가 다 칠해져 지금 예쁘게 보인다' 정도의 수동과 완료(결과)를 결합한 것이 됩니다.

My keys have been stolen.

내 키가 분실되었다

I'm not going to the party. I haven't been invited.

나는 파티에 가지 않을 것이다. 나는 초대되지 않았다

have been stolen은 수동의 is stolen과 완료의 'have+과거분사'가 결합된 것이고, haven't been invited도 수동의 is invited와 완료의 'have+과거분사'가 결합된 것임을 알 수 있습니다.

The door has been painted에서 has been painted의 시제를 빨리 파악하려면, 아래의 도식에서처럼, 처음 has been으로부터 이 문장이 현재완료 시제이고(have 동사+과거분사), 다음의 been painted로부터 수동태임을(be 동사+과거분사) 분석해 낸 후 이 둘을 더해(현재완료+수동) 현재완료 수동 시제임을 알아내면 됩니다.

The door has been painted. 문이 지금 페인트칠해졌다

완료(have 동사 + been) + 수동(be + 과거분사) → 완료 수동

■_**미래 수동태** will be -ing

미래 수동태는 수동태에 미래 시제를 더한 것으로 그 의미도 수동과 미래의 시간을 결합한 것이 됩니다.

The room will be cleaned later. 방은 나중에 청소될 것이다

수동태	The room		is	+ cleaned (The room is cleaned)
+ 미래		will +	기본형	
= 미래 수동		will	be	cleaned (The room will be cleaned)

수동태의 동사 is cleaned에 미래 시제 will을 더하면 수동태의 is와 미래 시제의 기본형이 더해져 be가 되고, 이것은 수동태에서 남은 cleaned와 미래 시제에서 남은 will과 함께 will be cleaned가 됩니다. 그리고 그 의미는 '방이 청소될 것이다'처럼 수동과 미래 시제가 결합된 것이 됩니다.

The room will be cleaned later에서 will be cleaned의 시제를 빨리 파악하려면 아래의 도식처럼, 처음 will로부터 이 문장이 미래 시제이고(will), 다음의 be cleaned로부터 수동태임(be 동사+과거분사)을 분석한 후 이 둘을 더해(미래+수동) 미래 수동 시제임을 알아냅니다.

The room will be cleaned later. 방이 나중에 청소될 것이다

미래(will) + 수동(be 동사 + 과거분사) → 미래 수동

특별한 수동태 구문

■_목적어가 두 개인 동사의 수동태

목적어를 두 개 취할 수 있는 동사(give, ask, offer, pay show, teach, tell 등)가 사용된 능동태 구문은 두 개의 수동태가 가능합니다.

He gave the police the information. 그는 경찰에게 정보를 주었다

목적어 1 목적어 2

The police was given the information. **The information** was given to the police.

위의 예문에서처럼 능동문에 있는 두 개의 목적어는 각각 수동태의 주어가 가능합니다. 그러나 이 둘 중 사람이 주어인 수동태가 더 자주 사용됩니다.

The police were given the information. > The information was given to the police.

경찰에게 정보가 주어졌다 정보가 경찰에게 주어졌다

The driver was given a speeding ticket. 운전자에게는 속도위반 딱지가 주어졌다

Emily will be given an award. 에밀리는 상을 받을 것이다

두 수동태 구문은 모두 사람이 주어인 경우를 보여 줍니다.

■_get이 사용된 수동태

때로 수동태 동사는 다음에서처럼 be 동사 대신에 get을 취하기도 합니다.

There was a fight in the classroom, but nobody got hurt.

= Nobody was hurt

교실에서 싸움이 있었으나 아무도 다치지 않았다

She doesn't often get invited to the parties.

= She is not often invited

그녀는 자주 파티에 초대되지 않는다

get은 특히 사건이 미리 계획이 되었거나 그 발생이 예측된 것이 아닌, 즉 갑작스럽고 우발적인 경우의 수동태에 사용이 될 수 있습니다.

Our dog got run over by a car. 우리의 개가 차에 치였다

개가 차에 치인 것이 갑작스럽고 우발적이었다는 것을 알 수 있습니다. 일반적으로 get이 사용된 수동태는 be 동사가 사용된 수동태에 비해 덜 격식을 갖춘 환경에서 사용됩니다.

get은 또한 get dressed(옷을 입다), get washed(몸을 씻다), get engaged/married/divorced(약혼/결혼/이혼을 하다), get started(시작하다), get lost(길을 잃다)와 같이 상태보다는 과정을 강조하는 경우에도 사용이 될 수 있습니다.

She got dressed for the meeting. 그녀는 미팅을 위해 옷을 입었다

be 동사가 사용된 She was dressed는 옷을 입은 상태를 말해 주는 것에 비해 got dressed

는 옷을 입는 과정이 더 강조되고 있음을 나타냅니다.

수동의 의미를 갖는 구문들

분사(과거분사), 동명사, 부정사는 원래 동사이므로 수동태의 형태를 취하여(과거분사인 경우는 be 동사 없이) 수동의 의미를 가질 수 있습니다.

과거분사

The paintings stolen from the museum haven't been found yet.

박물관에서 도난당한 그림들이 아직 발견되지 않았다

I had my car repaired.

나는 [정비공으로 하여금] 내 차가 수리되게 했다

첫 번째 문장의 The paintings stolen from the museum(박물관에서 도난당한 그림들)에서 stolen from the museum은 과거분사 구문으로 앞의 명사 The paintings를 수식하는데 '그림들이 박물관에서 도난당했다(the paintings were stolen)'라는 수동의 의미를 가지고 있습니다.

두 번째 문장 I had my car repaired(나는 내 차가 수리되게 했다[내 차를 수리했다])는 사역동사 have가 사용된 사역 구문으로 전체적으로는 사역의 의미를 갖는데(나는 내 차가 어떻게 되도록 했다), my car 뒤에 있는 과거완료 repaired는 '내 차가 수리되었다(my car was repaired)'라는 수동의 의미를 가지고 있습니다. 여기서 누구에게 수리를 하도록 하였는지는(아마도 정비공에게 수리를 맡겼을 것 같음) 중요하지 않기 때문에 문장에 표시가 되어 있지 않습니다. 만약 누구를 시켜 차를 수리한 경우가 아니고(즉, 사역 구문) 자신이 직접 차를 수리한 경우라면 I repaired my car처럼 타동사 repaired를 사용해야 합니다.

동명사

I remember being given a toy drum on my sixth birthday.

나는 여섯 살 때 장난감 드럼을 받은 것을 기억한다

They went to the party without being invited. 그들은 초대받은 것 없이 파티에 갔다

첫 번째 예문에서 being given a boy drum은 동명사 구문인데 'be 동사+given'이 수동태의 형태를 취하여 장난감 드럼이 '주어진 것'이라는 수동의 의미를 갖게 됩니다. 두 번째 예문에서도 being invited는 'be 동사+given'이 수동태의 형태를 취하여 '초대가 되어진 것'이라는 수동의 의미를 갖게 됩니다.

부정사

Do you think my jacket needs to be washed?

내 재킷이 세탁되어야 한다고 생각합니까?

The window appeared to be cracked in a number of places.

그 창문은 여러 곳에 금이 간 것 같다

마찬가지로 부정사 to be washed도 'be 동사+과거분사'의 형태를 취하여(be washed), '재킷이 세탁되다'라는 수동의 의미를 갖게 합니다. to be cracked의 경우에도 'be 동사+과거분사'의 형태로(be cracked), 금이 그어지다(금이 가다)라는 수동의 의미를 갖게 됩니다.

수동태 구문에서 쓰이는 전치사

수동태 구문에서 by 대신에 쓰이는 전치사는 상황에 따라 여러 가지가 사용됩니다.

be known to: …에게 알려져 있다

Aesop's fables are known to everyone. 이솝 우화는 모든 사람에게 알려져 있다

be made of: …로 만들어지다(모양만 변하고 성질은 그대로)

The house is made of bricks. 그 집은 벽돌로 지어졌다

be made from: …로 만들어지다(모양과 성질이 다 변함)

The soup is made from corn. 이 수프는 옥수수로 만들어졌다

be covered with: …로 덮여 있다

The mountains are covered with snow. 그 산은 눈으로 덮여 있다

유사 수동태 구문

대부분의 수동태 구문의 동사들은 한눈에 구별할 수 있습니다. 수동태의 'be 동사+과거분사'에 과거분사형 동사가 보이기 때문입니다. 때로 수동태 동사들처럼 보이지만 실제로는 수동태 동사가 아닌 것들이 있습니다. 예를 들어, excited, delighted와 같은 동사들입니다.

I was excited. 우리는 흥분되었다

We were delighted with the result. 우리는 그 결과에 기뻤다

위의 예문에서, excited와 delighted는 수동의 의미보다는 형용사로서 주격보어로 쓰인다고 할 수 있습니다. 그 증거는 원래 형용사를 수식해 주는 very처럼 정도를 나타내 주는 부사가 함께 쓰일 수 있다는 점입니다.

We were **very** delighted with the result.

영어의 수동태 구문은 언어 발달 과정에서 상당히 어려운 구문으로 알려져 있는데(학교에 입학할 무렵이면 비교적 잘 사용하지만 고학년까지도 능동태 구문처럼 여겨 잘못 이해하기도 함), 우리말의 수동태 구문 역시 아동들에게 매우 어려운 구문에 해당합니다.

EXERCISE —— 11

1__ 능동태 문장을 수동태 문장으로 바꾸어 보세요.

1) 능동태: Someone stole my car last week, but the police found it the next day.

수동태: My car _______ _______ last week, but the next day _______ _______ _______ by the police.

2) 능동태: The situation is serious. We must do something before it's too late.

수동태: The situation is serious. _______ _______ _______ _______ before it's too late.

3) 능동태: Someone was cleaning the room when I arrived.

수동태: The room _______ _______ _______ when I arrived.

4) 능동태: They have built a new hospital near the airport.

수동태: A new hospital _______ _______ _______ near the airport.

2__ 다음의 문장을 해석해 보세요.

1) I saw an accident yesterday. Two people were taken to the hospital.

____

2) Have you ever been bitten by a dog?

____

3) I can't use my office right now. It is being painted.

____

3__ 주어진 단어를 이용하여 우리의 글을 영어로 옮겨 보세요.

1) 지난주 그 호텔에 큰불이 났다. 두 개의 방이 피해를 입었다. ▶ damaged, were, a fire, was

There _______ _______ at the hotel last week. Two of the rooms _______ _______.

2) 테드(Ted)는 뜰에 앉아 있는 중에 벌에게 쏘였다. ▶ stung, by, was, a bee, got

Ted _______ _______ _______ _______ while he _______ sitting in the yard.

3) 결정은 다음 회의까지 내려지지 않을 것이다. ▶ be, will, made, not

A decision _______ _______ _______ _______ until the next meeting.

4__ 보기 중에서 빈칸 안에 들어갈 알맞은 말이나 틀린 곳을 하나 고르세요.

1) Once (a) your order submitted (b), we will email (c) you a contract along with (d) payment options.

2. To express our regret for the delay in the shipment, a complimentary case will _______ to all affected customers.

(a) send (b) be sending (c) be sent (d) have sent

3. The city auditorium was _______ by the school department in preparation for graduation ceremonies when a fire took place.

(a) occupying (b) being occupied (c) been occupying (d) been occupied

02 비교 구문

비교 구문의 정의

비교급 구문이란 두 대상이나 여러 대상들을 서로 비교하는 구문을 말하는데, 문장 내의 형용사에 비교의 결과를 나타내 주는 표시가 주어집니다. 비교가 형용사에 실현되는 것은 명사의 성질을 나타내는 형용사는 그 정도에 차이가 있어 비교가 가능하기 때문입니다.

비교 구문의 종류

비교 구문에는 비교급 비교 구문, 원급 비교 구문, 그리고 최상급 비교 구문이 있습니다.

■_비교급 비교 구문

형용사에 -er을 붙이거나 형용사 앞에 more를 사용하여
'…가 더 어떻다'라는 비교의 의미를 나타냅니다

대개 짧은 단어에는 -er을 붙이고 긴 단어에는 more를 앞에 놓습니다(예: old → older, big → bigger, careful → more careful, expensive → more expensive).

He is taller than me. 그는 나보다 더 키가 크다
This movie is more interesting than that movie. 이 영화가 저 영화보다 더 재미있다

tall은 짧은 단어이므로 -er이 붙어(taller) '더 키가 큰'을 의미하고, interesting은 긴 단어이므로 more를 사용해(more interesting) '더 재미있는'을 의미합니다.

한편 비교급 비교의 형용사에는 불규칙적인 형태도 있습니다(예: good → better, bad → worse).

The room looks better since you cleaned it up.

이 방은 당신이 청소를 했으므로 더 좋아 보인다

Do you feel worse today? 오늘은 더 몸이 안 좋으세요?

good의 불규칙 비교급 형용사 better는 '더 좋은'을 의미하고, bad의 불규칙 비교급 형용사 worse는 '더 안 좋은'을 의미합니다.

비교급 구문에서 비교 대상을 명시해 줄 때에는 than을 사용합니다

Beijing is bigger than Seoul. 베이징은 서울보다 더 크다

My camera is more expensive than yours. 내 카메라는 당신의 것보다 비싸다

주어 베이징(Beijing)의 비교 대상인 서울(Seoul)과 my camera의 비교 대상인 yours(your camera) 앞에는 than이 사용되었습니다.

그리고 than 뒤에는 명사(목적격)를 보통 사용하지만 주어와 동사(대동사)의 형태를 갖는 절을 사용할 수도 있습니다.

I can run faster than him. vs. I can run faster than he can.

나는 그보다 더 빨리 뛸 수 있다 / 나는 그가 뛸 수 있는 것보다 더 빨리 뛸 수 있다

You are a better singer than me. vs. You are a better signer than I am.

당신은 나보다 더 훌륭한 가수입니다 / 당신은 내가 훌륭한 것보다 더 훌륭한 가수이다

첫 번째 예문에서는 than 뒤에 대명사 him 대신 he can(run fast)이라는 절의 형태가 사용되고 있으며 두 번째 예문에서는 대명사 me 대신 절의 형태인 I am(a good singer)이 사용되고

있습니다. 여기서 앞의 절과 반복된 부분은 생략되고 대동사(代動詞)만 남습니다.

비교의 정도를 나타내 주기 위해서는 a little(좀 더)과 much(훨씬)가 사용됩니다

	bigger	
a little	better	than …
much	more expensive	

Korea is much bigger than Singapore.

한국은 싱가포르보다 훨씬 크다

The hotel was much more expensive than I expected.

호텔은 내가 기대했던 것보다 훨씬 더 비쌌다

much는 비교의 정도를 나타내 주는데, 즉 한국이 싱가포르보다 더 큰데 '훨씬' 더 크다는 것을, 그리고 호텔이 기대했던 것보다 더 비싼데 '훨씬' 더 비싸다는 것을 나타내 줍니다.

■_원급 비교 구문

as … as …의 형태를 사용하여 '…만큼 …하다'라는 비교의 의미를 나타냅니다.

부정문으로 많이 사용되며 이때는 비교급 비교와 같은 의미를 갖습니다

A not as … as B의 형태로 'A는 B만큼 …하지 않다'라는 의미를 갖는데, 이것은 곧 'B가 A보다 더 어떠하다'라는 비교급 비교와 같은 의미가 됩니다.

She's old, but she's not as old as he is.

= He is older. 그가 나이가 더 많다

그녀는 나이가 많으나 그만큼 많지는 않다

The Hilton Hotel isn't as expensive as the Western.

= The Western Hotel is more expensive. 웨스턴 호텔이 더 비싸다

힐튼 호텔은 웨스턴 호텔만큼 비싸지 않다

첫 번째 예문은 원급 비교 구문에 부정어 not이 사용되어 '그녀는 그만큼 나이가 많지 않다'라는 의미를 갖는데, 이것은 '그가 그녀보다 더 나이가 많다'라는 비교급 비교의 의미와 같게 됩니다. 두 번째 예문도 '힐튼 호텔은 웨스턴 호텔만큼 비싸지 않다'라는 의미로 '웨스턴 호텔이 더 비싸다'라는 비교급 비교의 의미를 갖습니다.

as 뒤에는 명사(목적격)를 보통 사용하지만 주어와 동사(대동사)의 형태를 갖는 절을 사용할 수도 있습니다

She's not as old as him. vs. She's not as old as he is. (as he is old)

그녀는 그만큼 나이가 많지 않다

You don't work as hard as me. vs. You don't work as hard as I do. (as I work)

당신은 나만큼 열심히 일하지 않습니다

첫 번째 예문은 비교 대상을 나타내 주는 as 뒤에 대명사 him이 사용되거나 절의 형태인 he is가 사용되는 것을 보여 주고, 두 번째 예문은 as 뒤에 대명사 me가 사용되거나 절 I do가 사용될 수 있음을 보여 줍니다. 이때 he is에서 is와 I do에서 do는 대동사입니다.

A as … as B(A는 B만큼 …하다)와 같이 긍정문으로도 사용이 됩니다

My apartment is as big as yours.

내 아파트는 너의 아파트만큼 크다

Charles runs as fast as George.

찰스는 조지만큼 빨리 달린다

두 예문 모두 비교되는 두 대상이 크기나 속도에서 동등하다는 것을 나타냅니다.

■_최상급 비교 구문

형용사에 -est를 붙이거나 형용사 앞에 most를 사용하여 최상(세 개 이상에서 최고)의 의미를 나타냅니다. 짧은 단어에는 -est를 붙이고 긴 단어에는 most를 앞에 놓습니다(예: old → oldest, cheap → cheapest, careful → most careful, expensive → most expensive). 일부의 단어는 불규칙한 형태를 갖습니다(good → best, bad → worst).

보통 최상급 형용사 앞에는 the를 놓습니다

old → the oldest important → the most important

The temple is very old. It's the oldest building in the town.

= It's older than all the other buildings. 이 사원은 다른 어떤 건물보다도 더 오래되었다

이 사원은 아주 오래되었다. 이 도시에서 가장 오래되었다

Excuse me, where is the nearest bank?

실례합니다만 가장 가까운 은행이 어디에 있습니까?

사원은 그 도시에서 가장 오래된 것으로 단 하나밖에 없는 것이므로, '유일한' 의미를 나타내 주는 정관사가 사용되었다고 이해할 수 있습니다. 은행의 경우에도 가장 가까운 것으로는 하나밖에 없으므로 정관사가 사용된 것으로 볼 수 있습니다.

대개 최상급 뒤에는 장소(town, building 등), 사람의 모임이나 기관(class, company 등)을 나타내는 부사어(주로 전치사 in을 사용)나 기간을 나타내는 부사어(전치사 of 를 사용)를 사용합니다

Who is the best student in the class?

이 학급에서 누가 최고의 학생입니까?

What was the happiest day of your life?

인생에서 가장 즐거운 날은 언제였습니까?

최상급 뒤에 현재완료 구문(I've ever/you've ever … 등)을 사용하기도 합니다

The movie was very bad. I think it's the worst movie I've ever seen.

영화는 아주 안 좋았다. 그 영화는 내가 지금까지 본 것 중에서 가장 안 좋은 것이라 생각한다

What is the most exciting thing you've ever done?

당신이 지금까지 해 본 일 중 가장 흥미 있었던 것은 무엇입니까?

최상급 형용사 뒤에 명사를 생략하기도 합니다

We had a great room. It was one of the nicest in the hotel.

우리는 아주 좋은 방을 사용했다. 그것은 그 호텔에서 가장 좋은 방이었다

Tony is a good player, but he isn't the best on the team.

토니는 훌륭한 선수입니다. 그러나 그 팀에서 가장 훌륭한 선수는 아닙니다

최상급 the nicest 다음에 명사 room이, the best 다음에는 명사 player가 생략되었다고 볼 수 있습니다.

03 화법 구문

화법의 정의

대화 상대방에게 남(제삼자)이 한 말을 그대로 전하는지 간접적으로 전하는지를 나타내 주는 방식을 화법이라고 합니다. 남이 한 말을 그대로 전하는 방식을 직접화법(따옴표를 사용함), 남이 한 말을 자신의 말 속에 넣어 전하는 방식을 간접화법이라고 합니다. 우리말에서는 간접화법에서 인용되는 절에 '-라고', '-고'를 붙여 줍니다.

Tom said, "I am feeling sick." [직접화법] 톰은 "나는 몸이 좋지 않아요"라고 말했다

Tom said that he was feeling sick. [간접화법] 톰은 몸이 좋지 않다고 말했다

직접화법 구문에서 따옴표 안의 "I am feeling sick."은 톰(Tom)이 말한 것을 그대로 적은 것입니다(직접적). 하지만 간접화법 구문에서는 톰이 한 말 he was feeling sick이 said의 목적어로 주어져 있습니다(간접적). said 다음의 that은 목적어의 역할을 하는 he was feeling sick이 명사절임을 나타내 주는 접속사입니다.

간접화법 구문으로 바꾸어 말하기

직접화법 구문을 간접화법 구문으로 바꾸어 말하기 위해서는 직접화법의 said는 said(that)로, said to …는 told(that)로 바꾸어 줍니다. 그리고 누가 말하는지, 누구에게 말하는지를 분명히 해 줍니다. 또한 간접화법에서는 대개 주절의 동사(전달 동사)와 전달되는 문장의 동사(목적절의 동사)가 과거형입니다. 그리고 전달되는 문장의 주어는 주절의 주어와 일치합니다. 마지막으로 that은 생략이 가능합니다.

Tom said, "I am feeling sick." [직접화법] 톰은 "나는 몸이 좋지 않아요"라고 말했다

Tom said that he was feeling sick. [간접화법] 톰은 몸이 좋지 않다고 말했다

Amy said to me, "I don't like my job." [직접화법]

에이미는 "나는 내 일이 마음에 안 들어요"라고 말했다

Amy told me that she didn't like her job. [간접화법]

에이미는 자기의 일이 마음에 안 든다고 말했다

첫 번째 예문에서 said가 said that으로, 현재진행 am feeling은 과거진행 was feeling으로 바뀌고 주어는 I에서 주절의 주어와 같은 she로 바뀌었습니다. 두 번째 예문에서는 said to가 told로, don't like my job은 주절의 과거 시제를 취하고 my job은 주절의 주어를 따라 her job으로 변경되어 didn't like her job으로 바뀌었습니다.

직설법의 과거는 간접화법에서 그대로 과거로 남거나 과거완료로 적어 줍니다

Tom said, "I woke up feeling sick." [직접화법]

톰은 "나는 일어났는데 몸이 좋지 않았다"라고 말했다

→ Tom said that he woke up feeling sick. [간접화법] [과거 시제]

톰은 일어났을 때 몸이 좋지 않았다고 말했다

→ Tom said that he had woken up feeling sick. [간접화법] [과거완료 시제]

톰은 일어났을 때 몸이 좋지 않았었다고 말했다

영어를 우리말로 번역할 때 간접화법 구문을 직접화법 구문으로 바꾸어 주면 생생한 표현이 됩니다. 예를 들어, A man came up to me and asked me if he was right in thinking my name was John을 '한 남자가 내게 다가와 내 이름이 존이라고 생각하는 것이 맞는지를 물었다'보다는 '한 남자가 내게 다가와 혹시 성함이 존이 아닙니까 하고 물었다'라고 말해 줄 수 있습니다. 직접화법 문장은 어린이들을 대상으로 동화책을 읽어 줄 때 사용하면 매우 좋습니다.

EXERCISE —— 12

1__ 문장을 지시대로 바꾸어 보세요.

1) She's a very popular singer. ▶ 최상급 문장으로 바꾸어 보세요

→ She's ________ ________ ________ ________ in the country.

2) Today the temperature is 12 degrees Celsius. Yesterday it was 10 degrees.

▶ 비교급 문장을 사용하여 어제와 오늘의 날씨를 비교해 보세요

→ It's a little ________ today ________ yesterday.

3) He said, "I don't feel very well." ▶ 간접화법으로 바꾸어 보세요

→ He said ________ ________ ________ very well.

4) Diane and Peter said, "We'll be home late." ▶ 간접화법으로 바꾸어 보세요

→ Diane and Peter said that ________ ________ ________ home late.

2__ 다음의 문장을 해석해 보세요.

1) I don't watch TV as much as you.

____

2) You look thinner. Have you lost weight?

____

3) Anne said that she couldn't find a job.

____

3__ 주어진 단어를 이용하여 우리의 글을 영어로 옮겨 보세요.

1) 조금만 더 천천히 말씀해 주시겠어요? ▶ more, slowly, a little

Could you speak ________ ________ ________ ?

2) 알래스카는 미국에서 가장 큰 주입니다. ▶ state, in the USA, the, largest

Alaska is ________ ________ ________ ________ .

3) 잭은 나에게 네가 아팠다고 말했다. ▶ you, told, were, me

Jack ________ ________ that ________ ________ sick.

4__ 밑줄 친 곳 중에서 틀린 곳을 하나 고르세요.

1) The earnings of (a) $.55 per share during the third quarter were (b) even better when (c) we had (d) expected.

2) We expected (a) the presentation to be exciting (b), but it turned out (c) to be worst one (d) we've ever attended.

3) Mr. Zainal said (a) us that he would visit (b) to Korea with his secretary sooner or later (c) in order to discuss the ongoing (d) project.

04 가정법 구문

가정법의 정의

가정법이란 현실에 존재하지 않는 사실을 마치 있는 것처럼 가정하여 말하는 방법을 말합니다. 자세히 말해, 현실에 존재하지 않는 사실을 마치 있는 것처럼 가정하거나 소망하여 말하는 것으로, 크게 if ... 구문과 I wish ... 구문이 사용됩니다.

참고로, 사람은 언어를 사용해 세상에서 일어나는 일들에 대해 말을 하는데, 보통 이러한 일들은 현실에 실제로 존재하는 것들입니다. 한편 사람은 현실에 존재하지 않는 일들에 대해서도 마치 있는 것처럼 상상하여 말할 수 있는 놀라운 능력을 가지고 있습니다. 언어를 사용해 세상의 일들을 나타내는 방식을 문법적으로 '법(mood)'이라 하는데, 법에는 여러 종류가 있지만 크게는 현실에 존재하는 사실을 연필로 그리듯 그대로 표현하는 방법(직설법)과 현실에 존재하지 않는 사실을 마치 있는 것처럼 상상, 가정하여 말하는 방법(가정법)이 있습니다. 일상생활에서 보통 사용되는 것은 보통 It's raining outside와 같은 직설법의 문장인데 우리는 이러한 문장을 들으면 머릿속에 밖에 비가 오고 있는 것을 그리게 되는 것입니다.

가정법의 종류

가정법은 조건을 나타내는 조건절 if...에 사용된 동사의 시제에 따라 가정법 과거, 가정법 과거완료, 가정법 현재와 같이 이름이 결정됩니다. 마찬가지로 I wish ... 구문에서는 wish 다음에 사용된 동사의 시제에 따릅니다.

가정법에서는 직설법 문장이 아닌 가정법 문장을 사용하는데, 가정법 문장은 직설법과 달리 현실의 실재하는 사실을 묘사하는 것이 아니므로 가정법 문장을 직설법 문장으로 이해하여 들리는 대로 머릿속에 그리면 그 문장을 틀리게 이해하는 것이 됩니다. 가정법 문장은 현실에 실제 존재하지 않는 사실을 상상 속에서 가정해 말하는 것이며 사용되는 동사의 시제가 직설법의 시제보다 하나 앞서므로(예: 현재의 어떤 사실을 가정할 때는 과거 시제를 사용) 이 점에 유의해 해석을 해 주어야 바르게 이해하는 것이 됩니다. 간단히 말해 가정의 사건은 실제의 사건이 아니므로 실제의 사건을 묘사하는 직설법을 사용하면 안 되고 가정법을 위해 문법적으로 특별히 고안된 장치(시제가 직설법과 하나 어긋나 과거로 물러나 있음)를 사용해야 하는 것입니다.

■_가정법 과거

If ...에 과거 시제 동사가 사용된 것을 말하는데, 이름과는 달리 실제로는 현재의 어떤 일을 가정해 말하는 것입니다. 자세히 말하면 가정법 과거는 현재에 존재하지 않는 사실을 마치 있는 것처럼 가정하거나 현재에 존재하지 않는 사실을 존재했으면 하고 소망하는 것을 말합니다. 즉, 가정법 과거는 현재의 사실과 반대의 것을 가정하거나 소망하는 것입니다.

가정

'If ... 동사의 과거형 ···, ... would(could, might 등)+동사의 기본형 ···'의 구조를 가지며 현재에 존재하지 않는 사실을 마치 있는 것처럼 가정해서 말하는 데 사용합니다. 해석은 과거 시간을 현재 시간으로 바꾸고 '만약 ···한다면, ···할 수 있을 텐데'처럼 해 주면 됩니다. 그리고 실제로 일어나고 있는 현재의 사실은 가정법 구문이 나타내는 것과 반대로 이해하면 됩니다.

If I knew the answer, I would tell you. 내가 답을 안다면 너에게 말해 줄 텐데

사실: I don't know the answer. 난 사실 그 정답을 몰라 ㅠㅠ

If we had a car, we could travel more. 우리가 차를 가지고 있다면 더 여행을 할 수 있을 텐데

사실: We don't have a car. 사실 차가 없어서 ㅠㅠ

첫 번째 예문은 if ...로 시작하고 있으므로 직설법 문장이 아닌 가정법 문장이고 과거 시제가 사용되어 있으므로 현재의 사실과 반대되는 일을 가정하고 있다는 것을 이해하는 것

이 필요합니다. 따라서 사실은 지금 답을 모르는데 '만약 답을 알고 있다면 너에게 알려 줄 수 있을 텐데' 하고 가정해 말하는 것입니다. 두 번째 예문에서도 역시 사실은 지금 차가 없는데 '만약 있다면 여행을 더 할 수 있을 텐데' 하고 반대의 것을 가정해 말을 합니다.

소망

'I wish … 동사의 과거형 …'의 구조를 가지며 현재에 존재하지 않는 사실을 소망합니다.

I wish I didn't live in a big city. 나는 대도시에서 안 살았으면 좋겠는데

사실: I live in a big city and I don't like it. 사실 난 대도시에 살고 있는데 정말 싫어요 (ㅠㅠ)

I wish it didn't rain so often. 비가 그렇게 자주 오지 않았으면 좋겠는데

사실: It rains a lot here. 사실 이곳은 비가 많이 와요. (ㅠㅠ)

첫 번째 예문은 I wish 다음에 과거 시제가 사용된 가정법 과거의 문장으로 사실은 나는 지금 대도시에 살고 있는데 싫어서 '대도시가 아닌 시골에서 살면 좋을 텐데' 하고 소망하는 것입니다. 두 번째 예문도 마찬가지로 사실은 이곳에 비가 너무 많이 오는데 '비 좀 안 왔으면 좋겠는데' 하고 반대의 소망을 나타내고 있습니다.

참고로, 우리말에서는 영어처럼 가정법이 발달해 있지는 않지만 영어의 가정법과 크게 다르지 않습니다. 영어의 가정법 과거 구문에서, 먼저 가정을 나타내는 경우는 우리말에서는 영어와 달리 현재 시제를 사용합니다(If I knew the answer, I'd tell you[만일 내가 답을 안다면 너에게 말해 줄 텐데]). 하지만 소망의 경우는 우리말에서도 영어의 가정법처럼 과거 시제를 사용하는 것이 자연스럽게 보입니다(I wish I didn't live in a big city[나는 대도시에서 안 살았으면 좋겠는데]).

■_가정법 과거완료

If…에 과거완료 시제 동사가 사용된 것을 말하는데, 가정법에서의 과거완료 시제는 과거에 가정한 일을 나타내게 됩니다. 가정법 과거완료는 과거에 존재하지 않은 사실을 마치 있었

던 것처럼 가정하거나 과거에 존재하지 않았던 사실이 존재했으면 하고 소망하는 것을 말합니다. 따라서 가정법 과거완료는 과거의 사실과 반대의 것을 가정하거나 소망하는 것입니다.

가정

'If … had+동사의 과거분사형 …, … would(could , might 등)+have+동사의 과거분사형 …'의 구조를 가지며 과거에 존재하지 않았던 사실을 마치 있었던 것처럼 가정해서 말하는 데 사용합니다. 해석은 과거완료를 과거 시제로 바꾸고 '만약 …했다면, …할 수 있었을 텐데'처럼 해 주면 됩니다. 그리고 실제의 사실은 가정법 구문이 나타내는 것과 반대로 이해하면 됩니다.

If I had studied harder, I might have passed the test.

내가 공부를 더 열심히 했다면 아마도 시험에 합격할 수 있었을 텐데

사실: I didn't study harder, so I didn't pass the text.

사실 난 공부를 더 열심히 하지 않아서 시험에 합격하지 못했어

If I'd had a camera, I would have taken some pictures.

카메라를 가지고 있었다면 사진을 몇 장 찍을 수 있었을 텐데

사실: I didn't have camera, so I couldn't take a picture.

사실 난 카메라를 가지고 있지 않았어. 그래서 사진을 찍을 수 없었어

첫 번째 예문은 if … had known …으로 시작하므로 가정법 과거완료 구문이고 가정법 과거완료는 과거의 사실과 반대의 일을 가정한다는 것을 인식하는 것이 필요합니다. 따라서 사실은 그때 나는 공부를 더 열심히 하지 않았는데 '만약 공부를 더 열심히 했다면 아마도 시험에 합격할 수 있었을 텐데' 하고 가정해 말을 하는 것입니다. 두 번째 예문에서도 사실은 카메라를 가지고 있지 않았는데 '가지고 있었다면 사진을 찍을 수 있었을 텐데' 하고 반대로 가정해 말을 합니다.

소망

'I wish ... had+동사의 과거분사형 …'의 구조를 가지며 과거에 존재하지 않았던 사실을 소망합니다.

I feel sick. I wish I hadn't eaten so much rice cake.

아파요. 떡을 너무 많이 먹지 않았었더라면 좋았을 텐데

사실: I ate too much rice cake.

사실 난 떡을 너무 많이 먹었어요 (ㅠㅠ)

The weather was cold on our vacation. I wish it had been warmer.

휴가 중에 날씨가 추웠습니다. 더 따뜻했었더라면 좋았을 텐데

사실: It was cold.

사실 날씨가 추웠습니다 (ㅠㅠ)

첫 번째 예문은 I wish 다음에 과거완료 시제가 사용된 가정법 과거완료의 문장이므로, 해석은 과거 시제로 바꾸어 사실은 너무 많은 떡을 먹었는데 '나는 떡을 그렇게 많이 안 먹었더라면 좋았을 텐데' 하고 반대로 소망하는 것이 됩니다. 두 번째 예문도 사실은 휴가 중에 너무 추웠는데 '조금 따뜻했었더라면 좋았을 텐데' 하고 반대의 것을 소망해 말합니다.

참고로, 가정과 달리 소망은 우리말에서도 영어의 가정법처럼 과거완료 시제를 사용하는 것이 자연스럽게 보입니다(I feel sick. I wish I hadn't eaten so much cake. [아파요. 케이크를 너무 많이 먹지 않았었더라면 좋았을 텐데])

■_가정법 미래

If ...에 should나 were to가 사용된 것을 말하는데, 이것은 이름처럼 미래의 어떤 일을 가정해 말하는 것입니다. 다시 말해, 가정법 미래는 미래에 거의 일어날 수 없는 일을 가정하여 말하는 것입니다. 가정법 미래는 'If ... should (were to)+동사의 기본형 …, would(could, might 등)+동사의 기본형 …'의 구조를 갖습니다.

If it should rain tomorrow, the party would not be held.

혹시라도 내일 비가 오게 된다면 — 사막이어서 절대 올 것 같지 않지만 — 그 파티는 열리지 않을 것이다

If a third war were to occur, there would be no life left on earth.

만약 3차 대전이 일어나게 된다면 지구상에는 어떠한 생명체도 살아남지 못할 것이다

첫 번째 예문은 if … should …로 시작하므로 가정법 미래가 되며, 미래에 절대 일어나지 않을 사실을 일어날 수 있는 것처럼 가정해 말하고 있습니다. 따라서 내일은 도저히 비가 올 것 같지 않지만 '만약 온다면 파티는 열리지 않을 것이다' 하고 가정하며 말하는 것입니다. 하지만 사실은 비가 올 가능성은 거의 없는 것으로 '내일은 무조건 파티가 열릴 것이다'라는 것을 의미합니다.

참고로, 우리말의 가정법 미래는 가정법 과거처럼 현재 시제를 사용하는데 앞에는 '혹시라도, 만약'을 추가하고 동사는 '…하게 된다면'을 사용하면 좋습니다(혹시라도 내일 비가 오게 된다면 그 파티는 열리지 않을 것이다).

■_가정법 현재

If … 조건절에 기본형 동사나 현재 시제 동사가 사용된 것을 말하는데, 이것은 이름처럼 현재(또는 미래)의 어떤 일을 가정해 말하는 것입니다. 이것은 가정법과 구별해 '조건법'이라고도 하는데, 그것은 실제 있지도 않은 일을 마치 있는 것처럼 가정해 말하는 것이 아니라(가정법) 실제로 현재에 존재할 수 있는 가능성이 많은 것을 하나의 조건처럼 인식하여 말하기 때문입니다. 가정법 현재는 'If …+동사의 기본형(동사의 현재형) …', '… will(can, may 등)+동사의 기본형 …'의 구조를 갖습니다.

If it rains this afternoon, I will be home. 비가 오면 나는 집에 있을 것이다

If you listen to me, you will not make mistakes. 네가 내 말을 들으면 실수는 안 할 것이다

첫 번째 예문은 if … rains …로 시작하므로 가정법 현재(또는 조건법)가 되며, 이것은 '만

일 오늘 오후에 비가 오면'이라는 것으로 다음 진술에 대해 조건을 주고 있습니다. 이것은 if ... rained ...로 시작하는 가정법 과거 If it rained this afternoon, I would be home과 같은 문장과 의미에 있어 차이가 있습니다. 즉, 가정법 과거는 '현재 날씨로 보아 오후에 비가 거의 안 올 것 같은데 만약 온다면' 하고 현재의 사실에 반대되는 것을 가정해 말하는 것이고, 가정법 현재 If it rains this afternoon, I would be home은 '지금 날씨로 보아 아마도 오후에는 비가 올 것도 같은데(비 올 확률이 적어도 50% 정도는 됨) 비가 오면' 하고 조건을 말하고 있는 것입니다.

참고로 가정법 현재는 여전히 현실에서의 실제 가능성이 직설법에서처럼 100%가 아니므로 직설법과 구별하여 if ... 절에 동사의 기본형을 사용하기도 합니다(If it rain this afternoon, I will be home). 실제 가정법 체계에서는 현재 시제가 아닌 기본형을 사용하는데, 근래에는 직설법 체계에 속하는 현재 시제를 더 사용하는 편입니다.

■_혼합 가정법

If ...에는 가정법 과거완료처럼 과거완료 시제가 사용되고 주절은 가정법 과거처럼 과거 시제가 사용된 것을 말하는데, 이름처럼 가정법 과거완료와 가정법 과거의 다른 두 가정법이 혼합된 것입니다. 'If ... 동사의 과거 분사형 …, would(could, might 등)+동사의 기본형 …'의 구조를 가지며 과거의 사실이 현재에 영향을 미치고 있는 경우에 사용합니다.

If I had gone to the party last night, I would be tired now.

어제 파티에 갔었더라면 오늘 피곤할 텐데

사실: As I didn't go to the part last night, I am not tired now.

사실 난 어제 저녁에 파티에 가지 않아서 지금 피곤하지 않다

If she had taken her doctor's advice, she might be alive.

그녀가 의사의 충고를 따랐더라면 지금 살아 있을 텐데

사실: As she didn't take her doctor's advice, she is dead.

사실 그녀는 의사의 충고를 따르지 않았기 때문에 지금 살아 있지 않다

첫 번째 예문에서 조건절은 가정법 과거완료가 사용되어(가정법 과거완료) '파티에 가지 않았다'라는 과거의 사실과 반대되게 '내가 파티에 갔었더라면' 하고 가정해 말하는 것이고, 주절은 과거 시제가 사용되어(가정법 과거) '오늘 피곤하지 않다'라는 현재의 사실과 반대되게 '지금 피곤할 텐데'라고 가정해 말하는 것이 됩니다. 즉, 어제 파티에 가지 않은 과거의 사실이 오늘 피곤하지 않다는 현재의 사실에 영향을 미치고 있다는 것을 알 수 있습니다.

■_가상법

사실에 대한 가정을 말하는 것이 아니라, 아직 현실화되지 않은, 그러나 당연히 일어날 미래의 사실을 말할 때 사용됩니다. 가상법은 'suggest, propose, recommend, insist, demand … 동사의 기본형 …'의 구조를 가지며, 주로 제안, 권유, 주장, 요구 등을 나타내는 구문이 이에 해당합니다. 대개 발생 가능성이 많다는 의미에서 가정법 현재와 비슷하게 취급이 됩니다.

My doctor recommended I rest for a few days.

의사 선생님은 내게 며칠 쉬라고 권유했다

I suggest you take a vacation.

나는 당신이 휴가를 가질 것을 제안합니다

They insisted he have dinner with them.

그들은 그가 그들과 함께 저녁을 먹어야 한다고 주장했다

He demanded she apologize to him.

그는 그녀가 그에게 사과를 하라고 요구했다

The doctor suggested that I not give my children snacks right before mealtime.

의사 선생님은 내가 이이들에게 식사 시간 바로 전에는 과자를 주지 말라고 제안했다

첫 번째 예문은 recommended 다음에 기본형 take가 사용되었으므로 가상법 구문으로 아직 현실화되지는 않았지만 곧 일어날 일을 가정해 말하고 있습니다. 따라서 My doctor recommended I rest for a few days의 가상법 문장은 '의사 선생님의 권유로 내가 좀 쉬게 될

것 같다'라는 것을 말하는 것입니다.

하지만 미래에 당연히 발생해야 할 일을 말하는 경우가 아니라 이미 발생한 어떤 사실을 말하는 경우는 가상법이 아닌 직설법이고, 따라서 Many witnesses insisted that the accident took place on the cross walk와 같은 문장은 '많은 목격자들은 그 사고가 횡단보도에서 일어났다고 강력하게 주장했다'의 의미를 나타내게 됩니다.

참고로, 가상법(subjunctive)은 직설법과 구별되는 전체 가정법 체계를 가리키는 용어이나 일반적으로는 가상법 대신 가정법이라는 용어가 더 많이 사용되므로 가상법은 제안, 권유, 주장, 요구 등에 한정해 사용합니다. 현대의 영어에서는 수사적인 면에서 rest 앞에 should를 넣어 말하기도 합니다(My doctor recommended I should rest for a few days). 흔히 rest 앞에 should가 생략되었다고 하는데 이것은 잘못된 설명입니다.

EXERCISE 13

1__ 가정법 구문의 이름과 그 가정법 구문이 나타내는 사실이 맞게 짝지어진 것은?

1) This room would be nicer if we had some pictures on the wall.

☐ 가정법 현재, 벽에 그림이 없다 ☐ 가정법 과거, 벽에 그림이 없다 ☐ 가정법 과거, 벽에 그림이 있다

2) I wish I didn't work tomorrow.

☐ 가정법 현재, 내일 일을 한다 ☐ 가정법 과거, 내일 일을 한다 ☐ 가정법 과거, 내일 일을 안 한다

3) If I'd known that Brian was sick, I would have gone to see him.

☐ 가정법 과거, 브라이언(Brian)이 아픈 줄 몰라서 병문안을 가지 못한다.

☐ 가정법 과거완료, 브라이언이 아픈 줄 몰라서 병문안을 가지 못했다.

☐ 가정법 과거완료, 브라이언이 아픈 줄 알아서 병문안을 갔다.

4) If you'd had some breakfast, you wouldn't be hungry now.

☐ 가정법 과거, 아침을 먹어서 지금 배가 고프지 않다.

☐ 가정법 과거완료, 아침을 먹지 않았으므로 배가 고팠다.

☐ 혼합 가정법, 아침을 먹지 않아서 지금 배가 고프다.

2__ 다음의 문장을 해석해 보세요.

1) What would you do if you won a million dollars?

____

2) I wish I'd learned to play a musical instrument.

____

3) If the driver in front hadn't stopped so suddenly, the accident wouldn't have happened.

____

3__ 주어진 단어를 이용하여 우리의 글을 영어로 옮겨 보세요.

1) 너는 택시를 타지 않았더라면 지각을 했을지도 모른다. ▶ might, not, had, taken

If you ________ ________ ________ a taxi, you ________ have been late.

2) 내가 영어를 말할 수 있다면 저 외국인에게 말을 걸 텐데. ▶ would, speak, could, English

If I ________ ________ ________, I ________ talk to that foreigner.

3) 나는 저 재킷이 마음에 듭니다. 너무 비싸지 않으면 살 것입니다. ▶ isn't, too, will

I like that jacket. I ________ buy it if it ________ ________ expensive.

4__ 보기 중에서 빈칸 안에 들어갈 알맞은 말을 하나 고르세요.

1) If people commuted by rail rather than car pool, there ________ even less traffic on the highways in the morning.

(a) be (b) was (c) would be (d) will be

2) The manager insisted that all employees ________ the upcoming benefit next Friday night.

(a) attend (b) attends (c) attended (d) will attend

3) If he ________ that the meeting would be over early, he wouldn't have cancelled his appointment.

(a) knew (b) has known (c) knows (d) had known

4) Without your assistance, I ________ have never gotten all this work done on time.

(a) can (b) would (c) must (d) need

연습문제 정답

EXERCISE 1

1__ 1) (a) 2) (b) 3) (b) 4) (c) 5) (a) 6) (c)

2__ 1) 마리오는 매우 열심히 일을 하는 사람입니다. 그는 7시 30분에 일을 시작하고 밤 8시에 일을 마칩니다.

2) 나는 지금 여행사에서 일하고 있습니다. 그 전에는 백화점에서 일을 했습니다.

3) 나는 이번 시험이 어렵지 않으리라고 예상합니다.

3__ 1) brush, brushed

2) was, took

3) Shall

4__ 1) (c)

[해석] 고품질 잉크젯 프린터들이 이 년 전부터 인기를 얻기 시작했다.

[정답 해설] two years ago는 과거의 시간을 나타냅니다. 동사 start의 과거의 시간을 나타내는 시제형은 started입니다.

2) (b)

[해석] 리즈 맥밀런은 부모님을 찾아뵐 뿐만 아니라, 남편과 함께 시애틀 헬스클럽에서 자주 운동을 한다.

[정답 해설] '자주 운동을 한다'는 현재 시간에서의 반복적인 행위(습관)이므로 이를 나타내는 시제는 현재 시제가 되어야 하며(즉, work), 주어가 3인칭 단수이므로 동사 뒤에 -s가 필요합니다.

3) (c)

[해석] 만약 고객들께서 질의를 하신다면, 사장님께서 회의 석상에서 그에 대해 말씀하실 것이다.

[정답 해설] 주절이 나타내는 사건이 미래의 시간과 관련되므로 종속절도 미래의 시간(일반적으로 미래시제에 의해 표시됨)이어야 합니다. 그런데 시간을 나타내는 부사절에서는 현재 시제(have)로 미래의 시간을 나타낼 수 있습니다.

EXERCISE 2

1__ 1) do you speak

2) bought

3) is singing

4) has gone

5) is going

6) does your father finish

2__ 1) 짐은 기타를 칩니다(기타를 치는 사람입니다). 그러나 지금 기타를 치고 있지 않습니다.

2) 나는 오늘 저녁에 극장에서 빌을 만납니다.

3) 나는 비행기나 버스, 그리고 기차로는 여행을 해 봤다. 언젠가는 배로 여행을 해 보고 싶다.

3__ 1) have had

2) starts

3) was watching, called

4__ 1) (c)

[해석] 우리가 여행을 시작한 이래로 지금까지 방문했던 장소들을 빠짐없이 기록해 둔 목록이 여기 있습니다.

[정답 해설] 과거에서 현재까지 계속되는 일을 말해 주는 현재완료 시제에서 since는 시작되는 시점을 나타내는 방법으로 since를 사용합니다.

2) (b)

[해석] 투자에 대한 수익 평가가 들어 있는 저희 제안서를 아주 만족스럽게 생각하실 것입니다.

[정답 해설] include는 진행 시제형을 만들 수 없습니다.

3) (a)

[해석] 지난 해 초까지만 해도 그 회사는 한국에서 가장 큰 전자제품 생산업체 중 하나였다.

[정답 해설] until the beginning of last year가 과거의 시간을 나타내므로 과거 시제를 사용해야 합니다.

EXERCISE 3

1__ 1) 동사 2) 형용사
3) 명사 4) 동사

2__ 1) 셀 수 없음 2) 셀 수 있음
3) 셀 수 없음 4) 셀 수 있음

3__ 1) 나는 커피보다 차를 더 좋아합니다. 차 세 잔 주세요.
2) 우리는 데이비드에게 그 사진들을 보여 주었다.
3) 대통령은 그를 주일 대사로 임명했다.

4__ 1) There's a hair in my soup.
2) I lost my car key yesterday.
3) I bought two loaves of bread.

5__ 1) (b)

[해석] 짐이 있어 도움을 필요로 하시는 승객들은 공항 밖에서 일하는 짐꾼에게 도움을 요청할 수 있다.

[정답 해설] baggage는 의미상 구체적인 물건들로 여겨 셀 수 있는 것(즉, 짐들)으로 할 수 있을 것 같지만 실제로는 복수형을 가질 수 없다. 이 경우 bags나 suitcases 등의 일반명사로 대체해 사용할 수 있다.

2) (a)

[해석] Paul의 제화점은 시카고 지역에서 부츠와 구두 그리고 장식물들을 구입할 수 있는 최고의 장소이다.

[정답 해설] '명사 + 명사'의 복합 명사에서 앞에 있는 명사는 뒤의 명사를 수식해 주는 마치 형용사와 같고 (즉, 가게 중에서 신발을 파는 가게라는 일종의 가게의 특성을 나타냄) 또 그 의미도 현실에 있는 구체적인 신발이 아닌 개념상의 '신발'을 의미하므로 셀 수 있는 일반명사로 취급하기가 어렵습니다. 따라서 복수형으로 할 수 없습니다. 여기에 대해 예외적인 것으로는 savings bank(저축 은행), sales manager(영업 부장), customs official(세관원), sports car(스포츠 카) 등이 있습니다.

3) (a)

[해석] 본사로 돌아오면 나는 우리 회사의 중역들에게 자세한 내용을 설명 드릴 것이다.

[정답 해설] return은 자동사로 뒤에 목적어를 취하지 못합니다. 보통 전치사 to를 취하여 'return to …'의 형태로 '…에 돌아가다'의 의미를 갖습니다. 따라서 return 다음에는 to가 필요합니다.

4) (b)

[해석] 맥기네스 씨는 자신을 회의장에 태워 줄 사람을 찾고 있다

[정답 해설] give는 '간접목적어 – 직접목적어'를 취하므로 간접목적어 자리에 '그녀의 것'을 의미하는 hers(소유대명사)가 오는 것은 잘못된 것입니다. 대신에 '그녀에게'를 의미하는 her가 사용되어야 합니다.

EXERCISE 4

1__ 1) some flowers
2) the kitchen
3) computers
4) will
5) must
6) because
7) so

2__ 1) 메리는 자기 학교에서 가까운 곳에 있는 한 아파트에 산다. 그 아파트는 작지만 마음에 든다.
2) 우산 가지고 가거라. 비가 올지도 모르겠다.
3) 버스를 기다리는 동안 비가 오기 시작했다.

3__ 1) the light , the door
2) couldn't
3) because

4__ 1) (b)

[해석] 그 신축 도서관을 설계하는 일은 그가 이제껏 맡아 했던 일들 중에서 가장 어려운 과제였다.

[정답 해설] 최상급의 형용사 most challenging 앞에는 정관사 the가 사용됩니다.

2) (c)

[해석] 회사의 물품 반납 정책을 계속해서 위반하였기 때문에, 우리는 새 직원들에게 랩톱컴퓨터를 제공할 수 없습니다.

[정답 해설] 조동사 다음에는 동사의 원형이 사용됩니다.

3) (c)

[해석] 후식과 같이 커피를 드시겠어요 아니면 후식을 먹은 다음에 드시겠어요?

[정답 해설] 문맥상 커피를 어떻게 마실지 선택하게 하는 질문이므로 and 대신 or가 사용되어야 합니다.

4) (b)

[해석] 길고도 어려운 토의를 한 다음 우리는 집을 파는 것이 가장 논리적인 해결책이라고 결정하였다.

[정답 해설] and에 의해서 나열되는 두 단어는 같은 성격을 갖는 단어가 되어야 합니다. 여기서는 명사 앞에 사용되니 둘 다 형용사가 되어야 합니다. difficulty는 명사입니다.

EXERCISE 5

1__ 1) quickly 2) in 3) me 4) in
5) them 6) hard 7) on 8) on

2__ 1) 현명하게도 그는 돈 받기를 거절했다.
2) 그는 수저로 커피를 저었다.
3) 이 편지는 빌의 것입니다. 빌에게 전해 주시겠어요?

3__ 1) Can you speak slowly?
2) I got up at 8 o'clock this morning.
3) I don't know that woman. Do you know her?

4__ 1) (c)

[해석] Top of the Hub에서 내려다보는 경치는 정말 아름다웠는데, 특히 맑은 여름 밤에 보면 더욱 그랬다.

[정답 해설] 정도를 나타내는 부사 quite(꽤, 상당히)를 넣어야 문맥이 자연스럽습니다. heavily도 정도를 나타내는 부사이지만 양과 관련이 되는 것(It rained heavily)으로 여기서는 문맥상 어색합니다.

2) (d)

[해석] 귀하께서 시간이 되시어 이 달에 방문하는 저희 해외 고객을 만나 보시길 기대합니다.

[정답 해설] 시간을 나타내는 전치사 in이 뒤에 나오는 지시어 this 때문에 생략이 되어야 합니다.

3) (b)

[해석] 레이놀즈 씨는 20년 동안 우리 회사의 관리부에서 근무하고 있습니다.

[정답 해설] 구체적인 수치가 명시된 기간을 나타내는 말에는 전치사 for가 필요합니다.

4) (d)

[해석] 부장은 모든 직원들이 각자의 주간 보고서를 오늘 오후 2시까지 그의 책상에 올려 놓았으면 한다.

[정답 해설] 명사 앞에서 소유자의 역할을 하며 한 명의 남성을 가리키는 대명사는 his입니다. their도 소유자의 역할을 하지만 가리키는 지시물이 여럿일 때만 가능합니다.

EXERCISE 6

1__ 1) classical 2) in 3) washes
4) will 5) hotels 6) surprised

2__ 1) 이 정원에 있는 모든 꽃들은 아름답다.
2) 나는 내 직업에 대해 만족해하지 않는다.
3) 우리 집에서 가까이에 있는 길모퉁이에 슈퍼가 하나 있다.

3__ 1) The girl with long brown hair
2) young, very sensible
3) tennis for two hours

4__ 1) (b)

[해석] 판매사원으로서의 완전한 능력에 도달하기 위하여 그는 1년 이내에 100대 이상의 차를 팔 계획을 세웠다.

[정답 해설] 'potential'은 '능력'을 의미하는 명사이므로 그것의 수식어는 형용사여야 합니다. fully는 부사로 '완전하게'라는 의미를 갖습니다.

2) (b)

[해석] 종합소득세 납세자들은 5년 동안 영수증을 보관해야 한다.

[정답 해설] 주어의 역할을 하는 명사구 taxpayers for a composite income tax에서 for a composite income tax는 전치사구로 명사 taxpayers를 뒤에서 수식해 주는 역할을 합니다. 따라서 주어에서 중심 단어는 명사 taxpayers로 이것이 실질적인 주어의 역할을 합니다. 이 주어가 복수형이므로 '주어-동사 수일치 원칙'에 따라 동사도 복수형(are requested)을 가져야 합니다.

3 (c)

[해석] 우리는 몇 년에 걸쳐 안전 및 강도에 대한 가장 엄격한 규격을 충족시키기 위해 모든 노력을 기울였다.

[정답 해설] 전치사 for의 목적어 역할을 수행할 수 있는 것은 명사의 형태를 가져야 합니다. 그리고 접속사 and에 의해 연결되는 요소는 서로 성질이 비슷한 것이어야 하므로 빈칸의 단어는 strength와 같은 명사여야 합니다.

4) (c)

[해석] 자동차 산업의 치열한 경쟁 때문에 자동차 제조 회사들은 비용을 줄이기 위한 연간 프로그램을 구상하고 있습니다.

[정답 해설] '연간 프로그램'을 의미하는 명사구에서 명사 program 앞에는 '연간(의), 1년간의'를 의미하는 형용사가 yearly가 필요합니다.

EXERCISE 7

1 1) 부사절 2) 형용사절 3) 명사절
4) 부사절 5) 형용사절

2 1) 그녀는 컴퓨터를 살 것이라고 말했습니다.
2) 당신은 이번 운전면허 시험에서 떨어지면 다시 볼 수 있습니다.
3) 앤이 산 드레스는 그녀한테 잘 맞지 않는다.

3 1) bed, because, tired
2) I, that he, honest
3) that they said

4 1) (c)

[해석] 인터넷이 전 세계를 한층 더 가깝게 만들었다는 것은 놀라운 하나의 성과이다.

[정답 해설] 서술어 'is an incredible accomplishment' 앞의 주어는 명사절이므로 명사절을 이끄는 접속사 중 '…하는 것'의 의미를 갖는 that이 필요합니다.

2) (b)

[해석] 담배 세가 꾸준히 오르고 있음에도, 흡연 인구가 줄어드는 조짐은 보이지 않는다.

[정답 해설] 종속절 'the tax for cigarettes …'는 앞의 절(주절)에 대해 '…함에도'라는 '양보'의 관계를 가지고 있으므로 'though/although'의 접속사를 양 절 사이에 넣어 주어야 합니다.

3) (c)

[해석] 24시간 영업을 하는 많은 편의점들을 찾아볼 수 있다.

[정답 해설] 관계절의 수식을 받는 convenience stores는 사물이므로 관계절의 접속사는 which나 that이 되어야 합니다.

4) (d)

[해석] 그 프로젝트는 완전 실패작임이 명백했다.

[정답 해설] 문장에서 it 는 가주어로서 진짜 주어는 명사절 the project was a total failure입니다. 이 명사절에는 '…하는 것'의 의미를 갖는 접속사 that이 필요합니다.

EXERCISE 8

1 1) 형용사절 2) 명사절
3) 부사절 4) 명사절
5) 부사절

2 1) 린다는 짐이 많았다. 그래서 (그녀는) 내게 (그녀를) 도와줄 것을 부탁했다.
2) 나는 신선한 공기를 쐬려고 강가로 산책을 나갔다.
3) 도심에서 주차할 장소를 찾는 것은 어렵다.

3 1) have time to watch television

2) want to go to bed

3) to the, to buy

4__ 1) (b)

[해석] 이 컴퓨터는 공인 매장에서 구입된 것이 아니기 때문에, 제조사는 문제가 생긴 부품을 새 것으로 교체해 주는 것을 거부했다.

[정답 해설] 부정사는 'to + 동사'의 기본형의 형태를 갖기 때문에 to 다음에는 동사의 기본형, 즉 replace가 필요합니다.

2) (a)

[해석] 작곡할 수 있는 능력은 훌륭한 연주가가 되는 것과는 아무런 관련이 없다.

[정답 해설] ability를 수식하기 위해서는 부정사 to write이 필요합니다.

3) (b)

[해석] 이 시스템은 소비자들이 자신감을 갖고 재화와 용역을 구입할 수 있도록 도와준다.

[정답 해설] 가목적어가 사용된 구문 'make it possible …'의 부정사 'to buy goods …'에서 주어는 전치사 for를 사용하여 나타냅니다.

EXERCISE 9

1__ 1) 동명사, 수식어

2) 동명사, 목적어

3) 분사, 부사어

4) 동명사, 보어

5) 분사, 수식어

2__ 1) 파티에 초대된 사람 중 몇 명은 파티에 참석할 수 없다.

2) 나는 그 영화를 이미 두 번이나 보았기 때문에 그 영화를 보러 가지 않았다.

3) 그렇게 시끄럽게 떠드는 것 좀 그만하시겠어요?

3__ 1) interesting, talking, her

2) full, There, a lot of people traveling

3) Not knowing, contact

4__ 1) (b)

[해석] 설문조사를 받은 약 15%의 운전자들은 시속 55마일(약 90킬로미터)과 시속 88마일(약 130킬로미터)의 속도 차이를 구별하지 못하는 것으로 드러났다.

[정답 해설] 과거분사 surveyed는 수동의 의미를 가지면서 명사를 수식해 줍니다.

2) (a)

[해석] 우리 새로운 가게의 개업 행사의 축하 행사는 정말 흥미로울 것입니다.

[정답 해설] 사물이 주어인 경우 현재분사 exciting이 주어의 보어로 사용됩니다.

3) (d)

[해석] 합의에 도달하기 위해 여러 주 동안 애쓴 후에, 양측은 마침내 상호 이익이 되는 결론을 도출해 냈다.

[정답 해설] 능동의 의미를 가지면서 시간을 나타내는 부사어의 역할을 하려면 현재분사 구문 laboring… 이 필요합니다. 그리고 분사 구문에서는 시간 등의 의미 관계를 분명히 해 주기 위해 when 등의 접속사를 앞에 넣어 주기도 합니다.

4) (c)

[해석] 조직체 속에서 잘 어울리는 기술을 기르는 일은 성공의 주요 요소이다.

[정답 해설] 목적어를 갖고 주어로 사용될 수 있으려면 동명사 developing이 필요합니다.

EXERCISE 10

1__ 1) Is she going out

2) Do they need some

3) It didn't rain

4) does

2__ 1) 당신의 차는 그 사고로 파손되었습니까?

2) 줄리아는 내일 여기에 없을 것이다. 떠날 것이다.

3) 나는 비디오카메라를 가지고 있지 않다. 그러나 비디오카메라를 가지고 있는 사람을 알고 있다.

3__ 1) What did you buy

2) I haven't, Lisa

3) much, Peter does

4__ 1) (d)

[해석] 당신은 졸업할 때 당신이 선택하려고 하는 그와 같은 종류의 일에 얼마나 잘 준비가 되어 있을 것입니까?

[정답 해설] 기저문이 'Upon your graduation, you will be how well prepared for that kind of work'이므로 의문문은 의문사가 포함된 how well prepared가 먼저 앞으로 나가고 다음으로는 미래의 시간을 나타내는 조동사 will이 주어 you 앞으로 나가야 합니다.

2) (a)

[해석] 나는 내 시간에 가치 있는 일을 하나도 안 했었던 것 같았다. 왜냐하면 나는 3과목이나 과락을 했기 때문이다.

[정답 해설] scarcely가 not과 같은 부정을 나타내는 부사이므로 hadn't (had + not)를 사용하는 것은 이중으로 부정하는 것이 됩니다.

3) (c)

[해석] 앤드루스 씨가 아직 제게 영수증을 주지 않았습니다만 (그가 제게 영수증을) 주면 우편으로 부쳐 드리겠습니다.

[정답 해설] when he gives me the receipts(그가 제게 영수증을 주면)에서 gives me the receipts를 대신하는 대동사는 does 가 됩니다.

EXERCISE 11

1__ 1) was stolen, it was found

2) Something must be done

3) was being cleaned

4) has been built

2__ 1) 나는 어제 사고를 목격했다. 두 사람이 병원에 실려 갔다.

2) 혹시 개한테 물려 본 적이 있으세요?

3) 나는 지금 나의 사무실을 이용할 수 없다. 지금 페인트가 칠해지고 있다.

3__ 1) was a fire, were damaged

2) got stung by a bee, was

3) will not be made

4__ 1) (b)

[해석] 일단 주문이 접수되면, 저희가 지불 방식과 함께 계약서를 보내드리겠습니다.

[정답 해설] 의미상 order(주문)는 동사 submitted(제출하다)의 목적어인데 실제 문장에서는 동사 앞에서 주어의 역할을 하고 있습니다. 이 경우는 수동태 구문이며 따라서 적절한 수동태의 구조(is/are + 동사의 과거 분사)인 is submitted가 필요합니다.

2) (c)

[해석] 배달 지연에 대한 사과의 표시로 피해를 입은 모든 고객들에게 무료 케이스를 보내 드리겠습니다.

[정답 해설] 'a complimentary case'(무료 케이스)와 send(보내다)의 관계가 수동의 관계에 있으므로 수동의 구조(is + sent)가 필요합니다. 그런데 그 구조가 미래시제 조동사 will 뒤에 나오므로 is는 기본형 be가 되어야 합니다(will be sent).

3) (b)

[해석] 화재가 발생했을 때 시 강당은 졸업식을 준비하는 교내 부서에 의해 사용되고 있었다.

[정답 해설] the city auditorium(시 강당)과 occupy (방이나 사무실들을 이용하다)는 수동 관계를 가지며 따라서 동사의 형태는 동사의 과거분사(occupied)를 포함해야 합니다. occupied가 사용된 선택 문항에는 (b) being occupied와 (d) been occupied가 있는데 이 중 앞에 was가 나올 수 있는 것은 being occupied로, was being occupied는 진행 수동태입니다.

EXERCISE 12

1__ 1) the most popular singer

2) warmer, than

3) he didn't feel

4) they would be

2__ 1) 나는 당신만큼 텔레비전을 많이 보지 않습니다 또는 당신이 나보다 텔레비전을 더 많이 봅니다.

2) 당신은 더 날씬하게 보입니다. 살 좀 빼셨습니까?

3) 앤은 직장을 잡을 수 없었다고 말했다.

3__ 1) a little more slowly

2) the largest state in the USA

3) told me, you were

4__ 1) (c)

[해석] 3/4분기 동안 기록한 주당 55센트의 수익은 우리가 생각했던 것보다 훨씬 높은 것이다.

[정답 해설] 비교급 구문에서 비교 대상(we had expected)은 than을 사용하여 명시합니다.

2) (d)

[해석] 우리는 그 발표회가 흥미로울 것으로 기대했지만 그것은 우리가 본 것 중에서 최악이었다.

[정답 해설] 최상급 형용사 앞에는 보통 정관사 the가 사용됩니다.

3) (a)

[해석] 자이날 씨는 현재 진행 중인 프로젝트를 협의하기 위해 조만간 그의 비서와 함께 한국을 방문할 것이라고 우리에게 말했다.

[정답 해설] 간접화법 문장에서 간접목적어(…에게)를 취할 수 있는 동사는 told입니다. said는 바로 '(that)…' 절을 취합니다.

EXERCISE 13

1__ 1) 가정법 과거, 벽에 그림이 없다

2) 가정법 과거, 내일 일을 한다

3) 가정법 과거완료, 브라이언이 아픈 줄 몰라서 병문안을 가지 못했다

4) 혼합 가정법, 아침을 먹지 않아서 지금 배가 고프다

2__ 1) 만약에 백만 달러의 상금을 타면 무엇을 하시겠어요?

2) 악기를 배웠더라면 좋았을 텐데.

3) 앞차의 운전자가 그렇게 갑자기 멈추지 않았더라면 사고가 일어나지 않았을 텐데.

3__ 1) had not taken, might

2) could speak English, would

3) will, isn't too

4__ 1) (c)

[해석] 만약 사람들이 카풀이 아니라 열차로 통근을 한다면 아침 시간대에 간선도로가 덜 혼잡할 텐데.

[정답 해설] 이 문장은 if 절 안에 동사의 형태가 과거 시제(commuted)인 가정법 과거 구문이므로 주절은 '과거 조동사(would, could, might 등) + 동사의 기본형'이 되어야 합니다.

2) (a)

[해석] 부장은 모든 직원들이 다음 주 금요일 밤으로 다가온 자선 모임에 참석할 것을 강조했다.

[정답 해설] 이 문장은 주장을 나타내는 동사 insist가 사용된 가상법 구문이므로 insist 다음에 나오는 종속절(목적절)의 동사는 insist의 시제형에 상관 없이 동사의 기본형인 attend가 되어야 합니다.

3) (d)

[해석] 그는 회의가 일찍 끝날 것을 알았더라면 약속을 취소하지 않았을 텐데.

[정답 해설] 이 가정법 구문은 주절의 시제(wouldn't have cancelled)가 'would + have + 동사의 과거분사형'을 가지고 있는 가정법 과거 완료 구문입니다. 따라서 조건절의 시제는 'had + 동사의 과거분사형'인 had known이 되어야 합니다.

4) (b)

[해석] 당신의 도움이 없었더라면, 나는 이 모든 일을 제 시간에 끝내지 못했을 것입니다

[정답 해설] without your assistance는 가정법의 조건절에 해당하는 의미를 가지고 있으므로 이 문장의 주절에는 가정법에 사용되는 조동사, 즉 과거형의 조동사가 사용되어야 합니다(would).

참고 문헌

구본관 외. 《한국어 문법 총론 1(개관, 음운, 형태, 통사)》. 집문당, 2015.

김영정. 《언어학 이론과 한국어 의미》.통사 구조습득 1. 민음사. 1997.

남기심 외. 《표준 국어문법론》. 한국문화사. 2019.

배희숙. 《언어발달》. 학지사. 2016.

백봉자. 《외국어로서의 한국어 문법사전》. 하우출판사. 2006.

이승복, 이희란. 《아이와 함께하는 신기한 언어발달 (아이의 말과 언어발달 과정의 이론적 접근)》. 정담미디어. 2006.

이익섭. 《한국어 문법》. 서울대학교출판문화원. 2012.

Alexander, Louis G. *Longman English grammar practice for intermediate students*. Longman, 2001.

Clark, Eve V. *First Language Acquisition*. Cambridge University Press, 2009.

Goodluck, Helen. *Language Acquisition*. Blackwell Publishers, 1991.

O'Grady, William D. *How Children Learn Language*. Cambridge University Press, 2005.

Smalzer, William R. & Raymond Murphy. *Basic Grammar in Use*. Cambridge University Press, 2010.

Smalzer, William R. & Raymond Murphy. *Grammar in Use Intermediate*. Cambridge University Press, 2000.

Sohn, Ho-Min. *Korean Language*. 고려대학교출판부, 2013.

조수근

서강대학교 영어영문과 졸업를 졸업하고,
동 대학원에서 영어학으로 석사학위,
미국 하와이대학교(University of Hawaii at Manoa)에서
언어학 박사학위를 받았다.
대한언어학회 이사, 21세기영어영문학회 이사,
한국영어교과교육학회 이사를 역임했고,
고려사이버대학교 실용어학부 교수로 재직 중이다.
《The Acquisition of Relative Clauses:
Experimental Studies on Korean》(2000),
《잉스카 기초영어》(공저, 2014) 등의
저술이 있다.

대학 기초 영문법

초판 발행 1쇄 2019년 2월 20일
지은이 조수근
펴낸곳 고려대학교출판문화원
www.kupress.com
kupress@korea.ac.kr
02841 서울특별시 성북구 안암로 145
02-3290-4230, 4232
Fax 923-6311
찍은곳 (주)동화인쇄

ISBN 978-89-7641-985-9 03740

값 14,000원
* 잘못 만들어진 책은 바꿔드립니다.